教出情緒不暴走的孩子（暢銷修訂版）

人氣諮商心理師的36堂高效能情緒教養課
幫助父母探索孩子的情緒困擾！

諮商心理學博士 **許皓宜**

作者的話

修訂自序

經過數年的心理「感化」，《教出情緒不暴走》的孩子出版暢銷修訂版時，我的女兒已經從一個小女孩幾乎要進入青春期了。剛開始寫這本書的時候，她仍十分內向、怕生，現在卻會在放學後熱烈地告訴我：「馬麻，誰誰誰、還有誰，都是我最好的朋友……」她現在還常用一種密友般的語氣跟我說：「你知道那個誰誰誰怎麼樣了嗎？」看著孩子逐漸甩開缺乏信任感和焦慮的包袱，我知道自己在心理學式教養下的體會，對我與兩個兒女的相處歷程受用無窮。

因此在觀察他們逐漸往正向發展著的感受下，我十分願意再次站出來，重新和大家分享心理學式的教養理念。我希望大家在閱讀的過程中，感受到的不是什麼教養的技巧，而是更清楚如何去觀察、並了解自己的孩子。因為，不論專家們怎麼說，我衷心認為：唯有父母才是世界上最懂得怎麼教自己小孩的人——只是我們需要明白怎麼去「看見」他們而已。

祝福天下所有的父母，都能享受我們身為父母的幸福。

許皓宜

目錄

Part 1 認識孩子內在的原始風暴

Part 2 教出情緒不暴走的孩子

目錄

Part 3 暴走爸媽放輕鬆

Part 4 幫孩子心情穩定上學去

推薦序1

解開教養的迷思

文／**吳娟瑜** 國際演說家&公視「爸媽囧很大」專家、顧問

認識皓宜是在好幾次電視節目錄影前，當我們都梳化好了，坐在等候室，兩個人就自然而然地聊起來。

剛開始和她分享時，我大吃一驚，原來我在她心目中竟然是一位前輩哩！因為她是用一種尊敬的、誠懇的，請益的態度和我互動，這點讓我受之有愧。

當我逐漸閱讀到她的作品，加上在電視媒體看到她的言談表現，更了解她之後，我發現皓宜的謙虛和認真是有目共睹了。

尤其在這本《教出情緒不暴走的孩子》新著裡，皓宜以她的專業素養，加上是兩個孩子媽媽的實務面，她把許多新手父母在教養上的迷思一一解開了。

皓宜以不說教的方式，將許多孩子的行為表現、情緒反應，透過心理學的分析，透過情境案例的解讀，讓父母有了全新的理解，例如「孩子的生氣是一種表達」、「替代性行為可以讓孩子在新奇中學習放鬆」、「哭喊是孩子的求救訊號」等。

除了讓父母透過「36堂高效能情緒教養課」的學習，辨識了孩子哭鬧背後的行為意義，明白了手足衝突的內心焦慮，還有，清楚了大人的情緒是如何不經意正在影響孩子的身心發展。

皓宜還提供不少具體的教養策略，例如：「暫時隔離法」、「五分鐘原則」、「堅定權／自由權」、「成熟期依賴」等，這些方法都是既實用又有效。

以皓宜這樣深具專業學術背景，又能深入淺出地提供36個心理學教養理念，可以說是現代父母的福氣，相信各位讀者在閱讀之餘，將有豁然開朗的成長。因為家中的小寶貝其實也很懂得挑戰你的底線，也知道怎麼「控制」你的情緒。

哇！這麼一來，還得了？家長們趕緊多學習，多調整吧！孩子們需要一位更懂他們，更知道如何引領他們共同成長的爸爸媽媽耶！

推薦序2

教孩子先要懂孩子

文／**黃登漢** 親職作家&校長爸爸

教孩子先要懂孩子，很多父母覺得帶孩子很辛苦，因為難管又難教，他們不知道為什麼那個他們努力生下來的愛情結晶那麼難搞？孩子的許多行為讓人困擾，讓人生氣，大人不能理解這是怎麼一回事，因為孩子小沒辦法溝通。

帶孩子耗費最大的精神和體力，在於事情一再發生，屢勸不聽，一而再、再而三的處理仍然卡在哪兒，不知道原因，沒完沒了，如此的折磨，讓父母生氣和沮喪，甚至有人情緒崩潰、失控，失去理智，才會發生將孩子拖出車外，丟在馬路旁的不可思議事件。

許皓宜博士是心理學專家，她很清楚的告訴你，孩子行為的原因，讓你能輕易地了解而不必辛苦的揣測、猜測。因為了解小孩，才能教導他，否則，生氣、賭氣、處罰、狂吼，讓人體力不支，心力交瘁。甚至是誤會一場，造成徒勞無功，更讓人精疲力盡。

透過了36個簡單有效的心理學理論，運用最簡單的方法，分析、解決孩子的困擾，而這正是許皓宜博士想傳達的情緒教養法，透過親子良好互動讓孩子學習面對自己的情緒，學會表達、紓發、調整，進而擁有高EQ、好人緣及圓融的人際關係，更重要的是，帶孩子不再那麼辛苦，讓新手父母也能夠成為有方法的高效能父母。

推薦序3

兒女是爸媽的鏡子

文／**謝文憲** 兩岸知名企管講師＆商周專欄與暢銷作家＆廣播節目主持人

我是當上主管後，才學習如何帶領員工，當父母亦然。二十九歲那年，我成為新手爸爸，開始學習跟兒子逗陣，相處兩年半的磨合期一過，弟弟隨後出生，從此，我跟老婆都展開了擁有新家庭成員的「第二人生」。我們從手忙腳亂，到學習化解親子間的衝突，進而到夫妻間合作分工的黑白臉，這甘苦歷程，只有親身體驗才知箇中酸甜。

兒女就是父母的另面鏡子，老大今年念高一，面對他的青春期，我終於體會：「兒子所表現出來的行為，其實也都是我們日常生活的縮影，很寫實，也帶點遺憾。」寫實的是，看他的行為，就知道他肯定是我兒子；遺憾的是，我似乎錯過了他幾個成長的重要歷程。

請原諒我說實話，我認識的博士很多，口才好的，文筆都普通；文筆好的，講話都不太討喜；口才、文筆都好的，人就是怪怪的。在這裡，我要鄭重推薦文筆、口才與實務經驗、為人溫暖無比的心理學博士許皓宜老師的新書：《教出情緒不暴走的孩子》。

這本新書給我的感覺是作者文筆超級好，書中實例多，內容深入淺出，親身經驗與理論擄獲人心，再加上編排與整理非常適合新手爸媽閱讀，肯定是一本養兒育女的救命寶典，我老婆也看了這本書，直說：「對對對，沒錯，就是這樣。」皓宜擁有中文系的文字背景，輔以心理專業的薰陶，加上多年的心理諮商臨床經驗，還有她那無敵霹靂的口語表達能力，無論是聽她演講，看她的書，或是與她對話，都是一種溫暖、療癒、慢火加熱的溫暖享受。

自序

每個孩子心裡，都有需要父母理解的情感風暴

身為一個學諮商心理學、修過教育學程的媽媽——我得先承認，能寫出這本《教出情緒不暴走的孩子》，並不是因為我自己有多麼好的情緒修養；相反的，正是因為我自己曾經是個會「情緒暴走」、又因此「充滿愧疚感」的媽媽，我才能如此深刻地體會：好好和孩子「談論情緒」，是教養孩子過程中多麼重要的一件事！

不同於許多在家全心陪伴孩子的親職教養家，我的兩個孩子，都是我一邊做全職工作、一邊寫博士論文下誕生的。我經歷過獨自撫養新生兒、不知所措的恐慌，也經歷過論文寫不出來、被嬰兒哭叫聲吵到瀕臨崩潰的焦慮，更面臨過請託父母帶小孩、感受和孩子變得疏離的心酸……我深深體會到，不管學習過多少專業，在成為一個母親之後，都變得如此渺小與無助。

在講台上，我可以是一個自信講課、包容學生的老師；在女兒的面前，我卻只是一個拗不過她、就跟著生氣的媽媽。

孩子的行為和我想的不一樣

照理說，兒童心理學的理論學習和輔導經驗我都不缺了…只是，這些理論和經驗怎麼

好像不知道如何用在自己的孩子身上？在孩子出生以前，我從沒料到，他們會如此輕易地勾發我的情緒：孩子不聽話的時候，我忍不住生氣；孩子出問題的時候，我被挫折感糾纏！而且，我期待他要如何的時候，他偏偏是另一個樣子——該睡覺的時候不睡，我還在睡的時候他偏偏要起床……

於是我發現，教養過程中，引起我焦慮的第一件事，是孩子的「行為」總是不按牌理出牌，和我想的不一樣。

孩子讓我看到自己的渺小

孩子不按牌理出牌，常常讓我的情緒凌駕了理論學習的理性思考，讓我幾乎忘了「包容與接納」對孩子的重要性；不然，就是把自己的感受藏起來，強迫自己做一個對孩子有耐性的「好媽媽」……多麼累啊！而我也悄悄看到，被這麼對待的大女兒，似乎也這麼疲累地、小心翼翼地對我。

於是我發現，原來我在孩子的行為上看到似曾相識的自己，從教養孩子上看到我與另一半的價值差異；甚至，從與孩子相處的感覺中，發現自己和父母間未解的習題：而這些都可能阻礙我去了解孩子真正的樣子、和真正的他相處。

教養孩子，先懂他的心

在這種時候，心理學中的許多概念又帶給我很大的幫助。我回過頭去重新咀嚼自己讀過的書和理論，才發現心理學中藏著許多深刻的意涵：比如說，信任和安全感對孩子的意義、以及未來生命的影響是什麼？孩子說「不」，背後的情感狀態是什麼？孩子在地震後，難以安撫的不安與哭泣又是為了什麼？……我驚喜地重新「使用」那些原本熟識的心理學理論——但這一次，我是用它來「理解孩子的情感」，也「理解我自己的情感」，理解自己成長中尚未走過的生命任務。

也許，從前那個年代，很少人告訴我們的父母：如何「理解」、如何和孩子「談論情緒」？但是，在現在這個年代，我卻希望能帶著這種理解的心，如此貼近與對待我的孩子。

《教出情緒不暴走的孩子》這本書，分成四個篇章：第一篇，談論孩子的原始情緒；第二篇，理解孩子「暴走」背後的負面情感；第三篇，覺察父母在育兒中的情感狀態；第四篇，學習放手讓孩子走出情感風暴。我虛擬了一個有三個可愛小寶貝（欣欣、佑佑、安安）的家庭，相信這些寶貝們的故事，也常常是發生在每個人家庭裡的故事。

我深深覺得，雖然我們都想讓孩子快樂，但我們也有權力成為快樂的父母。

衷心希望，這不只是一本親子教養書，也是一本增進父母自我覺察的書。

前言

閱讀本書之前：做好父母，先善待自己

做個好父母——往往是我們知道孩子即將來臨的那一刻起，就為自己所立下的心願。這像是我們對自己的一種期待或要求，但也常常是讓我們感到焦慮、挫折的來源。

比如說，孩子還在肚子裡的時候，孕媽媽到底該吃些什麼、孩子才會長得最健康？孩子出生後，該給他什麼樣的刺激，才不會錯過所謂的成長黃金期、害他一生不如人？孩子越來越大了，到底什麼時候開始可以放手讓他自主，才不會讓孩子變成一個媽寶、永遠長不大？……

我們常常以為孩子要的很多，我們以為身為父母，就要有夠多的智慧來解決孩子的問題。但從心理學的角度來看，孩子原初的需要其實非常簡單：孩子需要具有足夠能力接納他的情緒、足夠包容允許他探險的父母。而能做到接納孩子情緒、允許孩子冒險的父母——通常也是用這樣的方法來善待自己。

你怎麼對待孩子，是對待自己的縮影

育兒書很多、親職教養專家很多，但為什麼有些方法做起來就是不管用？是不是那些方法不適用於我的孩子？還是專家寫錯了？

其實，這是因為我們在「親密關係」這件事情上，特別容易受到自己心情左右，而決定我們如何看待及對待身邊的這個人——育兒就是親密關係中的一種。所以我相信很多父母常常會覺得身不由己，我們都知道對待孩子要有耐性，可是情緒一來卻忍不住對他吼叫。

這種對孩子的缺乏耐性，常常是因為我們對自己也不夠有耐性；就如同我們有時看孩子做某些事情會感到不順眼，是因為我們對自己的某些部分也感到不順眼；我們對孩子苛責，是因為我們對自己也如此苛責。當我們對自己不夠包容、不夠接納、不夠允許，我們又如何包容孩子、接納孩子、允許孩子呢？

善待自己，先了解心裡的缺口在哪裡

不夠包容、不夠接納、不夠允許，不是因為我們為人父母有問題，而是我們心裡有連自己都無法理解的缺口。舉個例子來說，一個老是要牽著孩子手不肯放的母親，孩子覺得媽媽很煩啊！走到哪、跟到哪就罷了，還要一直死命地抓著他不肯放。但孩子不了解，這是因為這個母親童年的時候，有許多次走失的經驗，好像每到一個人潮眾多的地方，她的父母就會「放手」把她給「弄丟」。所以等到她擁有自己的孩子之後，就不自覺地要牽著孩子的手——事實上，這是母親自己童年的缺口，希望有個牽著自己手、不把自己給弄丟的媽媽。

所以，孩子的出生其實給我們一個很好的機會，透過自己教養孩子的習慣，來覺察心裡的缺口在哪裡。唯有找到這個缺口，我們才知道如何善待自己；知道如何善待自己，我們才能以如此善待的心，去同等對待自己的孩子。

為了孩子，放下自己一些無解的過去

有些人可能會問：「找到心裡的缺口又如何？那些過去無從改變？那些造成我過去缺口的人，可能也已經不在了，我還可以為自己做些什麼？」

其實，在心理學裡頭：「覺察」具有絕對的正向能量。有些事情你會難過、會生氣、會憤怒、會不安，而且難以從這種情緒裡頭跳脫出來，常常是因為，你根本不知道自己為什麼難過、為什麼生氣、為什麼憤怒、為什麼不安。眼睛看不到的時候，我們在黑暗中會感到恐慌；同樣的，心裡看不到的時候，我們也在模糊中被自己的心情給淹沒。

所以，處理心裡的缺口，要先覺察缺口在哪裡？缺口是什麼？然後聯想一下缺口如何造成。接著呢？我們要真正意識到自己的年齡已經長大了，也許心裡還停留在某些缺失的過去，但看到那比我們還幼小、還脆弱的孩子，我們得要學習去了解：我們的父母，就像我們自己成為別人的父母一樣，從來就不完美，但應該要被原諒。

原諒我們的父母，不是因為父母需要我們這麼做，而是我們自己需要，我們的孩子也需要。

不讓自己的陰影，擋到孩子本來面貌

原諒過去的某些缺失，更重要的是，這樣的心情能幫助我們原諒自己的某些過錯。依照心理學的概念，過去的缺失會造成我們在成年關係中的找尋。當我們帶著越多過去的心結，我們看待自己的孩子時，就會出現越多道陰影，讓我們看不到孩子真正的樣貌、真正的需要。看不到孩子真正的樣貌，我們所提供給孩子的，就是我們想要的他、而不是孩子真正快樂發展的他；看不到孩子真正的需要，我們所創造出來的就可能是一種順從的親子關係，卻很難達到一種真正交流的親子關係。

當我們學習聆聽自己、了解自己，我們就擁有善待自己的能力。同樣的，在親子相處的過程中，我們也這麼聆聽孩子、了解孩子，用善待自己的能力，讓孩子在溫暖而堅定的關係中，學習規則、建立界線，並且以尊重的心與父母相處——而非懼怕。

Part 1
認識孩子內在的原始風暴

你知道嗎？剛出生的孩子，在他們的微笑與哭泣中，已經開始表達出興趣、苦惱、討厭、滿足的心情。出生兩個月後的孩子，你還可以陸續在他身上發現生氣、哀傷、喜悅、驚訝、害怕……。

到了出生後的第二年，孩子的心情更複雜了：他們開始會感到尷尬、害羞、內咎，對人會有忌妒心、驕傲心……。這對還無法以語言能力表達自己的小小孩而言，是一個非常需要別人理解與協助的歷程。

所以，孩子所有令人頭痛的行為，其實都在表達一件事情：「親愛的家人，請你們來懂我。」

我打你喔！面對孩子總愛動手打人

佑佑和安安這對兄妹只差了大約一歲。

媽媽為了照顧他們倆，總是傷痕累累的！

怎麼說呢？在安安滿九個月的時候，總是三不五時的，就突然張開才剛冒出幾顆牙的嘴，往媽媽的肩膀上咬去。

「唉呀！安安，媽媽會痛耶！」媽媽已經很小心了，卻還是常常被咬到。

那時還不到兩歲的佑佑也好不到哪去。心情不好的時候就別說了，拳打腳踢地，有次還踹到媽媽的眼睛；就連心情很好的時候，也會失控地狂打媽媽的頭。

「佑佑，這樣媽媽很痛！」

從開心玩鬧、到失控被槌打，對佑佑和安安的失控行為，媽媽實在很無奈。

不知道各位家長們有沒有被孩子「A到」鼻青臉腫的經驗？可能是不小心被他們撞到、踢到、咬到，還有些時候可能是孩子沒什麼理由就動手亂打人。

這些舉動不同於「發脾氣」的行為，而是一種「本能」的攻擊舉動——孩子甚至需要從這種「奇怪的行為」中，學習與人相處的社會化功能。

孩子可能這樣想

攻擊是一種怕失去「好事物」的本能

心理學的理論告訴我們，人生來有些本能：求生存是一種、毀滅和攻擊也是一種——而這兩者又是相互關聯的。

孩子六個月之前，都屬於和媽媽「共生」的階段。這時，他們會以為，只要移動眼睛找媽媽，媽媽就會出現，而自己的飢餓、需要、願望，都會隨著媽媽的出現被滿足。很快的，這種自以為是的全能感，隨著成長過程逐漸幻滅——因為孩子事實上是沒有能力控制母親的。

心理學研究就發現，孩子求取生存的方法之一，就是在自己的想像中「毀壞」母親，讓自己不需要這麼依賴著她。所以你可能會發現，孩子對於自己越喜歡的東西，總忍不住要咬一口

（牙齒在心理學上的象徵意義就是攻擊）——這就是一種又愛、又怕自己不能控制、又怕失去的矛盾反應了。

✪ 攻擊可以獲得快樂和滿足

另外，以發展心理學的角度來看，從孩子學習咬嚼的口腔期階段（0至1歲），到孩子訓練排泄的肛門期階段（1至3歲），**透過咬嚼和排泄的刺激會使孩子獲得心理上的滿足**。在這個階段，孩子在這些刺激上是需要獲得滿足的，但他們心裡又感受到這種「吞、咬」的本能可能會為自己招來懲罰，「想滿足自己快樂的感覺」就可能被壓抑進心裡去了。倘若這種口腔與肛門期的衝動受到壓抑而無從釋放（例如：孩子在各種狀況下都被禁止亂咬東西），孩子未來反而可能變得調皮、衝動、而缺乏自制力。

由這個角度來看，孩子帶有攻擊的、失控的行為，其實是孩子在透過這種刺激讓自己獲得滿足。只是在社會化教育還不足的狀況下，孩子們讓自己快樂的方法可能影響、或傷害到別人。

✪ 攻擊，是孩子自我療癒的方式

當然，也有些孩子的攻擊舉動，已經超越了本能、超越快樂的滿足，而帶著那種「搞不清楚自己和別人之間界限在哪兒」的混淆——這可能出自在家庭裡某些攻擊和暴力的學習。對於這種孩子來說，攻擊、衝動、打人，便成為一種他們自我療癒的方法。

所以，如果你發現孩子的攻擊行為，不只是和你玩鬧而已，還帶有很深的生氣、憤怒、或悲傷的情緒，就要特別關注這個孩子，是否需要更多額外的幫忙？

從心理學的角度來看，童年時期不能透過這些攻擊的釋放，來完成自我療癒任務的孩子，長大後會有比較高的比例出現真正的暴力行為。

家長可以這樣做

✪ 在安全的狀況下，盡量滿足孩子的口腔和肛門需要

接觸過幼兒的人都會發現，孩子最早的時候，是用嘴巴來探索這個世界——所以他們會把遇到的所有東西都拿起來啃一啃、舔一舔。而當孩子開始學習大小便時，他們甚至還會要求看自己尿布上和馬桶裡的大便。

這些「異於成人」的習慣，很少會有成年人在第一時間馬上接納，而不露出奇怪、甚至嫌棄的表情。很多成人覺得排泄物很髒、怕有病毒或細菌，但其實孩子的這些舉動，就像我們用

眼睛在看、用耳朵在聆聽世界一樣，**年幼的孩子是用嘴巴在「品嚐」這個世界**、用「看自己的大便」來發現自己身上的新奇，大人怎麼忍心剝奪呢？

若發現孩子的攻擊和衝動行為越來越強烈，不妨先思考：他們的口腔和肛門刺激，滿足了沒有？家裡的人是否有幫著孩子滿足他們的口腔和肛門衝動呢？孩子的口腔需求是否常常被阻止（例如：大人不允許孩子亂舔東西，但這其實對孩子而言是必要的）。孩子排泄控制的學習是否常常受到斥責（例如：尿床就被罵，但在排泄控制上孩子其實需要被包容，否則會感到很挫折）？

總而言之，舔東西、咬東西、尿床等等，在無傷大雅的範圍內，就讓孩子們自由地去吧！過了三歲後，這些行為往往就自行消失了。

✪ 學習在不干擾別人的狀況下滿足自己的需要

對於2至4歲的孩子來說，學習在「我想做這件事」和「我要服從大人說的話」之間，找到一個判斷的準則是重要的；當孩子真的不能做他自己想做的事情時（例如，這件事具有危險性），大人還得幫助他找到其他滿足或安撫自己的方法。

在這過程中，嚴格的懲罰對孩子是有殺傷力的。因為學齡前是孩子的探索階段，嚴格的懲罰（如：用力責打孩子、卻沒有和孩子說明；或者把孩子關在黑暗的地方、讓他感到恐懼）會抑制孩子的求知衝動（攻擊行為其實也是一種求知與探索）。所以對於年幼的孩子，我們特別需要讓他們知道，「因為我愛你，所以我不能讓你做這件事」，並協助他們把攻擊衝動轉化到安全的地方、找到替代方案。例如：

・**攻擊衝動轉化到安全處**：可以打牆壁、打地板，但不能打人。

・**找到攻擊的替代方案**：打球、彈琴、畫畫或其他孩子有興趣的活動，這是一種行為上的昇華。

對孩子來說，這正是學習：在不干擾別人的狀況下滿足自己的需要。

這些不能說或做

- **嚴格懲罰孩子而不說明理由。**（孩子會為自己本能的抒發或遭受禁止而感到困惑）
- **乖乖地讓孩子打、或只是閃避孩子的攻擊。**（孩子不會學習到這樣的行為會干擾別人）

不要！不要！不要！面對孩子的第一個叛逆期

佑佑在學會說話前，都還是個非常好「搞定」的小孩。

他吃東西完全不挑、又吃得很快，快到會讓媽媽忘情地在十分鐘內就餵下一小碗水果泥（但下一刻他可能因為一下吃太多而整個嘩啦一聲吐出來）。

佑佑不怕生又大方，臨時託個人照顧他，他也能開心地被逗弄起來。

佑佑也不需要什麼新玩具，光給他個裝了些綠豆的寶特瓶，他就能拿起來搖得很開心……

但這美好的一切，在佑佑邁入兩歲的時候，全都變了樣。

某天，媽媽坐在客廳看書，佑佑在媽媽腳邊玩耍。突然間他拿起了面紙盒，將面紙一張張地抽起——每抽一張，就放到媽媽腿上；抽一張、放一張、抽一張、放一張……

當媽媽拍拍他的頭，他會繼續一張一張的抽起來、放到腿上；當媽媽出聲制止他，他會停下來看看媽媽，待媽媽繼續看書後，他又繼續原本的動作；當媽媽不理他，他卻會爬到沙發上用力地打翻媽媽手上的書，然後重新把面紙一張一張地在媽媽腿上擺放；當媽媽把他抱起來呢？他卻張牙舞爪地哭鬧……

欸，佑佑，你到底是怎麼了啊？

我想很多家長會同意，孩子出生後，那段還躺在嬰兒床上、不哭鬧又對著你笑的時光，是育兒過程中最美好的親子時光之一。可是等到他們會哭、會鬧、會跑、會跳、會說話、會頂嘴之後，那可就令為人父母忍不住嘆蒼天為何變了樣？

其實，你知道嗎？早在兩歲之前，孩子就有可能出現第一次的「叛逆期」了，而且這種考驗父母耐心的情況，卻還是促發他們發展出「規矩」以及對自己身分認同的墊腳石呢！

孩子可能這樣想

全能感喪失的矛盾階段

剛出生的嬰兒，雖然什麼都不懂，卻是十分自戀的。你可能看過嬰兒好奇地看著鏡中的自己；也發現剛爬行的嬰兒喜歡停留在鏡面的金屬電器前自我觀望……但這都還比不上，心理學所稱的、嬰兒內心的那股「全能感」——覺得自己無所不能，甚至能控制父母！

這究竟怎麼回事呢？從心理學的角度來看，嬰兒從出生開始，對世界的一切都感到陌生，所以在他們心裡是沒有分「你和我」的，他們很無知地以為母親就像自己的手、腳一樣，和自己是相連的一體；以至於當他們大腦慢慢發展，了解「母親和自己並非同一個人」時，還天真地想像，只要自己有需要，母親就會如預期般地出現。直到出生六個月左右，因為這種「全能感」的失靈頻率越來越高了，孩子的心裡會產生越來越多矛盾和莫名的憤怒，想對你大叫「你給我出現」，卻又發不出聲音（也還不懂這個語言的意思）。

於是，孩子開始了解到自己能否被接受，某種程度是取決於大人的心情；但大人的所作所為，偏偏不是自己能夠控制的。隨著這種渺小、無力的感覺，曾經有的全能感喪失，會讓他們在面臨環境的挑戰與挫折時大發脾氣。於是父母就得要開始準備，迎接小嬰兒人生的第一個「叛逆期」了。

透過說「不」來保持自己的分離性

年幼孩子的叛逆，當然和大孩子的叛逆不同、殺傷力也不大，只是吵起來的時候令人頭痛、考驗父母的耐心。而且，孩子們常用的是「不要！不要！不要！」來拒絕你要他做的事；或者就像上述的情境一樣，這樣也不行、那樣也不對，令人又愛又恨、卻又找不到根治的方法。

在心理學上，很多研究者觀察到，**六個月之後的孩子開始產生「自我感」**，也意味著他們要和母親（或者取代母親的其他重要他人）分離。但這種分離不是真正說拜拜的那種分離，而是孩子們得在全能感喪失的體會中，消化「我是一個獨立的個體」這種很怪的心情。

你可以想像嗎？對這些小孩兒來說，明明我本來覺得我跟你是同一個人，卻要花我那麼久的時候才發現——我和你根本是不同人；不同人就罷了，這世界還不是我可以控制的（因為他

們從前只要控制那條臍帶就可以），是你才能控制的……這，這叫我嬰兒的面子往哪兒放呢？

在這種心情的糾結下，孩子既然不能全然體會，也就難以全部消化，自然只好透過「這也不行、那也不要」來表示抗議——背後卻隱藏一個重要的功能：我要花力氣來維持我和你的「分離感」。

越親近的人，越無理

在一般的傳統家庭裡（傳統指的是主要為媽媽照顧小孩的家庭），**孩子的叛逆通常會發生在母親的身上；遇到父親時，這種叛逆卻會收斂許多**。這就讓許多父親「誤以為」自己比較會照顧孩子，母親自然不解而抗議啦！還有些夫妻會為此產生衝突呢！

其實，這背後最有可能的原因是：**母親對孩子來說是最重要的「共生夥伴」**。曾經你儂於我、我儂於你——被這樣的夥伴拒絕，當然讓孩子最難以忍受啦！

所以，如果你是那個花了許多心思，卻總覺得教不好孩子的媽媽，放下心來吧！這樣是正常的。

家長可以這樣做

尊重孩子「想黏你」和「想要不黏你」

如果你了解孩子的心理，你就可以了解，兩歲上下的孩子（可能一直持續到上幼稚園），一下要你、一下不要你，是很正常的。但是，這種時期的孩子，特別容易引發家長情緒上的困難，特別是當大人自己年幼時的分離感都還沒有處理好時（大人感覺自己也特別難忍受孤單和分離），在這個時刻特別麻煩。所以，如果你正身為年幼孩子的父母，不妨去體會一下，當你用力地抱著孩子，對他又親又摸的時候，是因為孩子主動來要求你抱他？還是你總在自己需要的時候就要抱著他，直到你自己覺得滿足呢？

如果你是後者的話，得要了解，當孩子「想要不黏你」的時候，你也要**學習不要去打擾他正在做的事情**。在孩子不想要的時候黏著他，不是一種親子的親暱，而是一種樂趣的剝奪。

孩子需要什麼，就給什麼

正在發展自我感的孩子，有時會變得特別依賴，下一刻又表現出他不需要你。他們有時會強迫你提供幫忙，卻又在你提供幫助後拒絕你，莫怪許多爸媽要忍不住抓狂說：「你到底想怎樣？」

沒錯，這時候的孩子，就是想考驗你，在這種「往返推拉」、「起伏不定」的過程，你會不會抓狂、對他大聲發火？你會不會拒絕他、從此不要他？

當然，孩子這種「想要測試大人」的心情是很微妙而且難以表達的。所以，如果我們了解孩子在發展中會出現的這種心情，那就不妨和自己打打心理戰吧！孩子來，我就拍拍他、抱他；孩子走，我就做自己的事。你會發現，從一歲半到兩歲這段期間，你如果特別能發揮這種耐心，**在孩子需要的時候才靠近安撫他、在他眼光向外的時候則允許他充分地探索**，不因為孩子的起伏不定而發脾氣，就會換來進入幼稚園後、甜美能講道理的孩子。

如果你說，孩子已經過了兩歲怎麼辦？做法一樣啊！只是這種需要耐心的時間，可能得要稍微長一點。

發展「臨睡分離儀式」

「臨睡分離儀式」是處理幼兒期叛逆的一個好方法。

通常，我都主張「孩子要和父母分床睡」（當然，可以分房睡的時候就分房更好）。但即使孩子和父母上床的時間不一樣，我也十分認同在孩子睡前創造一些「臨睡分離儀式」，這對孩子的自我感發展很幫助。其中包括講故事、唱催眠曲，還有兩招可用的親密法寶：

・**找出親密接觸帶**：有些孩子的親密帶在額頭、有些是髮際、有些是耳朵，你可以**將手指併**

攏，來回輕輕地撫摸這些地帶，你會發現這對孩子的入睡，以及親子親密感的建立很有幫助。

・**善用似睡非睡期**：人類的睡眠，隨著腦波變化分成好幾個階段。其中，剛入睡的那個階段，我稱為「似睡非睡期」（通常這個階段你喚孩子的名字，他已經不會清醒地回應你，但可能還可以嗯嗯啊啊地發出一些「渾沌」的聲音）。這個時候大腦準備休息、卻還沒有進入睡眠，**所以你如果在孩子耳邊輕聲說些親密對話，特別容易進到他的潛意識裡**（例如：寶貝，媽媽愛你喔！）。當然，這目的是增進親密感，可不是用來控制孩子的啦！

如果你的臨睡分離儀式有用，你會發現孩子越來越懂事（因為他發展出他自己）。而這也代表，家長接下來，可以好好地教孩子一些做人處事的道理囉！

這些不能說或做

- 「你再這樣亂生氣我不要理你囉！」（拋棄用語）
- 「你這樣很討厭耶！」（情緒用語）

會讓孩子覺得自己不舒服的心情不被允許。

安安剛出生的時候，一直是個見人就笑的寶寶；沒想到等到一歲多之後，卻開始出現一種「愛生氣」的現象。比如說，電話響了，她吵著要接，沒接到，就馬上張大嘴、哇哇大哭，接著整個人五體投地趴在地上，頭悶在交叉的雙手底下、雙腳上下划動地踢著地板……

觀察幾次這樣的情形，媽媽開始發現，當安安哭了一會兒沒人理她之後，她會抬起頭偷看：如果看到有人在看她，她會趴下繼續哭泣；如果沒人理她，她可能會哭得更大聲、或者轉換另一種哭的聲音和方式。這樣的情形在她站著哭泣時也存在：通常，站著哭泣的她，眼睛應該是瞇著的，但每哭一陣子，她就會讓眼皮稍微打開一點，來觀測周遭的狀況。

這個現象說明了一件事：**孩子的生氣是一種表達**。

家長們，你還記得自己上一次「無理取鬧」是什麼時候嗎？是對公司那無法合作的同事發脾氣？還是夫妻爭吵的時候，你說出心裡的委屈？抑或是面對自己父母那總是改不了的、討人厭的反應而大喊委屈呢？

是的，這種生氣的心情，因為成人能用語言來表達，就能讓人了解生氣的道理。但對成人來說，某些壓抑、難以說出口的感受，也會因為表達不清而變成「無理取鬧」——比如說，一個面對婆婆總是讓小孩吃香灰、心裡感到不舒服的媳婦，因為沒辦法直接說出這種感受，只好在一些小地方發作，在其他家人心裡就變得「無理取鬧」。可是，如果了解那「為小事發作」的背後，其實是對婆婆的不理解和對孩子的擔心，這個家庭可能就不用受到這些「無理取鬧」的攻擊。

同樣的，孩子也是這樣。孩子的世界雖然比成人來得單純，但也**常常會有這種「表達不出心裡感受」的時刻**，因為怎麼講大人都很難真的懂。於是，哀嚎、哭泣、拳打腳踢，就變成孩子們最原始而有效的反應。

孩子可能這樣想

壞脾氣：從單純轉向多元思考的特徵

嬰兒從大約兩個月大開始，就開始發展「原始情緒」，常見的包括，生氣、哀傷、喜悅、驚訝、害怕和討厭。直到一歲之後，孩子才開始展現語言能力，也代表大腦的認知思考功能開始大量運作，孩子對自己高興以外的情緒有更多的理解，並且開始發展出不同於原始情緒的「衍生（複雜）情緒」，包括尷尬、害羞、內疚、忌妒、驕傲等。

當孩子會說話開始，心理發展上就逐漸走入自主性的階段；但也**因為尋求自主的挫折，負面情緒會變得特別多**，變成令家長頭痛的「小惡魔」。只是，這就像毛毛蟲蛻變成蝴蝶一樣，當孩子「從天使轉入惡魔期」，卻代表他們正在長大、學習邁向懂事與學習道理。

所有「無理取鬧」背後「都有道理」

如果說，孩子從出生開始學到的第一項語言是「微笑和哭泣」，那麼，**「發脾氣」就是孩子們所學習到的第二語言**。所以，在看孩子無理取鬧的脾氣時，就要想到我們自己在「無理取鬧」時的反應，那背後肯定是有原因的。

孩子們雖然心裡知道不可以再像個寶寶一樣大聲哭鬧（爸媽和學校都有在教），可當他們不爽快的時候，那感受也是真實存在的。於是他們會把身體扭來扭去、嘴裡哼哼啊啊的，心裡也常常在想：「唉唷，這種怪感覺怎麼還不快過去。」這時，當周圍沒有人給他一些反應時，不舒服的感覺就會引導孩子們繼續地鬧下去。

你知道嗎？許多好動、不專注的現象，其實也是這種負面情緒無法排解的結果。

家長可以這樣做

處理情緒，先別忙著壓抑

當孩子無理取鬧的時候，如果家長們常常制止孩子：「不要哭！」、「不要亂生氣！」或者是孩子一哭鬧，就罵孩子，孩子的心裡會產生「只要一哭，爸爸媽媽就會不開心罵我」的連結，較容易造成孩子性格上的壓抑：表面上好像「學會」控制自己的情緒，實際上卻因為得不到適當的宣洩，長大後反而失去自我安撫及調整內在情緒的能力。

孩子在生氣時的想法很簡單，**只是需要父母的接納**，然後把這個生氣轉換成語言：「我知道，你很生氣，你很難過，你很失望。」當孩子剛開始出現無理取鬧的樣子時，你會發現，光是蹲在他身邊，**用穩定的語氣重複說上述這些具同理性的話**，有時是非常有用的。

為什麼會這樣呢？從心理學的角度來看，孩子會走路之後，表達方式除了哭以外，還多了幾種：發脾氣、踢東西、尖叫。有時候，小孩子這樣的表達**並不需要大人過多的幫忙**，因為他們可能只是需要有人注意他，讓他平靜下來。但當他開始傷害自己或破壞東西的時候，父母必須把四處揮打的他給緊緊抱住，用自己的手臂抱持與包容住孩子還未成熟到可以自我調節的情緒……孩子就會慢慢學習掌握自己的情緒。

✪創造「抱持性環境」

許多孩子在鬧脾氣時，情緒張力非常大，嘴裡常常嚷著：「不要不要不要不要……」（而且速度很快），沒有那麼容易搞定。家長在一時間不知道怎麼辦的狀況下，一是搞得自己也挫折生氣，一是退卻讓步、讓孩子自己冷靜。

這背後有個相關的行為改變技術，叫做「暫時隔離法」。很多專家會提倡，當孩子情緒無法控制的時候，可以在安全的原則下，讓孩子在一個空間自我冷靜。我並不否認隔離法的效果，但我認為，隔離法的使用有情境的限制；而且**不能因為「隔離」讓孩子感到「疏離」**。

什麼樣的狀況不會讓孩子將「隔離」解讀為「疏離」呢？那就是別只記得用「隔離的行為技術」，而忽略了**孩子發脾氣的背後存在著「需要被擁抱支持的心情」**：

・**先反應孩子的心情**：父母還是要記得先反映孩子的心情：「我知道你很生氣」（**不要直接說：「你這樣不對」，孩子會覺得你要懲罰他**）。

・**說明等待時間**：跟孩子說明：「我現在要讓你自己冷靜一下，讓你不再那麼生氣，等一下我就會回來找你（**最好是有個時鐘讓孩子看，知道長針指到幾的時候父母會回來**）。」

・**和父母有情感接觸**：當孩子不懂他為什麼被隔離的時候，而且在當下缺乏和父母的情感接觸時，他會覺得自己是被「關起來」，自然誤以為是一種「懲罰」，或是一種「不被愛」、「被拋棄」。（因此孩子在無理取鬧時，父母仍然可以表達：「你這樣讓媽媽很難過，所以媽媽要先讓你自己安靜一下，媽媽也要安靜一下。」）

創造抱持性環境的兩項原則：堅定與自由

上述的「抱持性環境」，正是心理學裡頭，對年幼孩子人格發展上所特別強調的基礎。但指的並不是極盡所能地寵小孩，不管他做什麼都要包容。而是不管孩子做了什麼錯事，在心理上還是感受得到：**「自己這個人」是被家人所支持包容的。**

至於如何創造抱持性環境呢？很簡單，當孩子鬧得不可開交、叫他做什麼他都不肯時，家長不妨交叉使用「堅定權」和「自由權」。例如，當孩子不願離開遊樂區而揮手踢腳、發脾氣：

・**自由權**：「寶貝，媽媽知道你很想玩，但是我們真的要走了。你要自己走？還是媽媽牽你走？」**（在情境的條件下幫孩子創造自由選擇的權力，但各種選擇都導向孩子該做的事。不要懷疑，雖然結果都一樣，有自由──對孩子的心理還是有差。）**

・**堅定權**：發生在孩子仍然堅持不走、堅持哭鬧的時候，家長可以直接抱起孩子把他帶走。**（你會發現，當離開了那個情境，孩子自己就會停止哭鬧了。）**

孩子的邏輯很清楚簡單，當內心的快樂被阻擋時，他必然鬧脾氣反抗；但內心的在意程度，卻遠遠不如表面的脾氣來得大。會哭鬧許久、不輕易善罷甘休的孩子，常常是被大人處理的方式給「惹毛了」（每個孩子的性格不一樣，但有些孩子卻真是這樣）。

從這樣的觀察可以發現：能夠最迅速有效處理孩子鬧脾氣的父母，往往是最淡定的父母。

這些不能說或做

- 「不要哭！」（禁止訊息）
- 「不要亂生氣！」（不被理解）
- 「你再這樣我要生氣了喔！」（不被接納）
- 「你再這樣我要打你囉！」（會被懲罰）

孩子沒有邏輯的脾氣不適合用打罵與懲罰，因為他們不懂被處罰的原因是什麼。

起床也要因材施教

面對孩子的起床氣

自從孩子們慢慢長大後，每天九點上床睡覺變成一件困難的任務。即使早早趕他們上床，兄弟姐妹們總還是要在床上講個悄悄話，撐到累了才願意闔上眼睛；可是，隔天仍然要早起上學的呀！於是有好一陣子，媽媽早上打開孩子們的房間，就會出現這樣的一幕：

「**欣欣、佑佑、安安，起床囉！**」（欣欣翻了個身，佑佑和安安則是一動也不動）

「**上學了，起床囉！**」（欣欣把棉被抓得更緊，佑佑和安安還是動也不動）

媽媽只好無奈地抓起癱軟的欣欣，幫她脫去睡衣、準備換上學的衣服，在這過程中她就會醒過來（因為她要醒來看媽媽幫她選哪一套的衣服）。佑佑和安安就沒辦法用這一招了——你一碰他，他可是會生氣哭鬧的。

對媽媽這個職業婦女來說，哪有空每天和他們搞那麼多花招呢？

這是邊渡估邊打瞌睡的小朋友

家長們，是否也有過賴床的時刻呢？某些明明天氣好得不得了的早晨，太陽暖暖地曬進房間裡，可是前一天才為了工作或家事而奮戰到晚，於是瞌睡蟲大勝鬧鐘小天使——萬般只求，讓我多睡五分鐘吧！

是的，孩子爬不起床時，就是這樣的心情，而且比大人更難受。因為從心理學的角度來看，小孩是比大人「更本能」、「重歡樂」的生物，所以他們抵禦生理睡眠需求的心也更堅強。加上在時間概念建立前，孩子起床的時間往往不是自己控制的，這種「非自願性起床」的狀況，就讓孩子特別容易在起床時鬧脾氣囉！

看完這樣的說明，許多家長可能就明白，要長期解決起床鬧脾氣的做法，當然是讓孩子早睡早起、睡眠前不做情緒激烈的遊戲和運動、創造孩子起床後的期待，並且在孩子建立時間概念後，能讓他們自我管理上床與起床的時間、設置鬧鐘……只是，在一切進入孩子自我管理的美夢前，家長遇到孩子起床鬧脾氣，該怎麼辦呢？

孩子可能這樣想

表達能力尚未成熟

大人的起床氣，可能在起床後潑潑冷水、吃頓早餐、找心愛的人罵個兩句……就沒事了。

從心理學上來看，孩子因為大腦發展的關係（特別是三歲以下，甚至到六歲學齡前的孩子），「**腦袋懂的比能表達的多**」，即使起床後一肚子不開心也表達不出來，只感覺全身都不對勁，不想要人家碰、不想要人家問、更不想和人講話……此時，當大人觸犯了這些「不想」的原則，孩子自然大哭大鬧、揮手踢腳樣樣來。

容易陷入惡性循環的爭戰

小孩的揮手踢腳，有時會傷到別人、傷到自己。雖然這對孩子來說是表達與發洩的一種，但在大人看來卻像是發作的小惡魔，容易引發一早趕著上班的慌亂感。在這種狀況下，有些爸媽可能選擇遷就、在孩子哭鬧下仍幫他們把生活瑣事打理好；有些爸媽自顧不暇，大吼或挫折感也跟著來（特別是當爸媽們聽專家的話，已經耐著性子和孩子玩許多小遊戲仍踢到鐵板後）。在這樣激烈的早晨，發脾氣後所感受到「爸媽也發脾氣」的反作用力，有時會讓家長和孩子陷入惡性循環的爭戰中：家長覺得，「為你做這麼多，你還不領情？」孩子也覺得，「叫你不要過來，你怎麼都不懂？」

起床一件美好的事情，就變成名符其實的「起床氣」——起床了，親子一起生氣。

家長可以這樣做

觀察孩子的「本來習慣」

雖然孩子的習慣可以建立，但這不代表孩子的個性本質，可以或需要被「轉變」。

面對起床氣，許多家長往往請問專家、老師，然後拿了許多五花八門的方法試驗在孩子身上——結果有用固然是好事；結果無效，不只父母感到挫折，那些提出辦法的人也跟著失去效用。

其實，要解決孩子的情緒問題，首先還是得要了解孩子本來的習慣。例如，有些孩子起床後不高興，他的習慣是坐著不動，嘴裡還要哀號兩聲；有些孩子的起床氣則是發呆、動作像烏龜一樣慢——說真的，這些一點也沒有礙到別人（除非他哀嚎得太大聲），讓他這樣鬧一下、慢一下又何妨呢？

觀察孩子的習慣、並讓他遵照自己的習慣，是處理起床情緒問題最重要的一步。

父母的作為要建立在孩子的本質上

當然，家長們往往擔心起床時哭鬧、動作慢吞吞的孩子，會趕不上娃娃車、或害大人上班也來不及。這時，不妨來個「五分鐘原則」：

．**五分鐘等一等：**告訴孩子：「我知道你沒有睡飽，起床不舒服，我再讓你坐一下、睡一下，等一下會來叫你。如果等一下叫你還這樣，我就要生氣囉！聽見了嗎？」（**這時，家長們不妨先放下孩子，去做自己的事，五分鐘後再回來處理也不遲。**）

．**下指令要清楚：**最重要的是，即使孩子正在生氣，家長說這段話時，仍要**要求孩子看著你的眼睛：**「看媽媽，寶貝，看媽媽。」（**這樣語言才會進到孩子的心裡去。**）

羅馬非三天造成，拆掉羅馬也不能只有三天

搭配孩子的起床管理，家長的確可以自行創造許多親子小遊戲，只是有一些特別的原則：對於起床時已經在鬧脾氣的孩子，因為大多是身心不舒服的關係，用上述的「五分鐘原則」就行；如果孩子的情緒已經比較舒緩，或是起床時是在伸懶腰、賴床的那種，就很適合玩個簡單的小遊戲把孩子「鬧醒」。

例如，「是哪個小蘿蔔還在睡覺啊？我要來拔蘿蔔囉！」「這個春捲怎麼還包那麼緊啊！我要來打開春捲皮囉！」起床，也可以很開心，孩子在這種歡樂的氣氛下，也容易自動自發、生活自理。

當然，處理孩子起床問題，除了需要觀察力和魄力，還要和孩子比情緒耐力。如果孩子起床氣的問題已經積習已久、一時間難以搞定，家長更要知道，起碼要天天嘗試、把持一致原則，快則一個月、慢則三個月，你一定會看到孩子在父母包容（願意讓孩子按照自己的習慣是一種包容）與了解（願意在孩子習慣外創造一些適合他的新習慣是一種了解）下所產生的改變。

這些不能說或做

- 「你再不起來就自己待在家裡！」（這是威脅口吻，除非你真的可以讓孩子留在家裡）
- 和孩子說好再睡五分鐘，卻容許他多睡好幾個五分鐘！（缺乏遵循原則）
- 天天因為孩子賴床，就幫他打理好所有事情，而不用自己面對上課遲到的責任。（缺乏責任心）

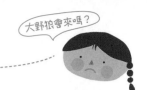

大野狼會來嗎？
面對孩子想像中的害怕

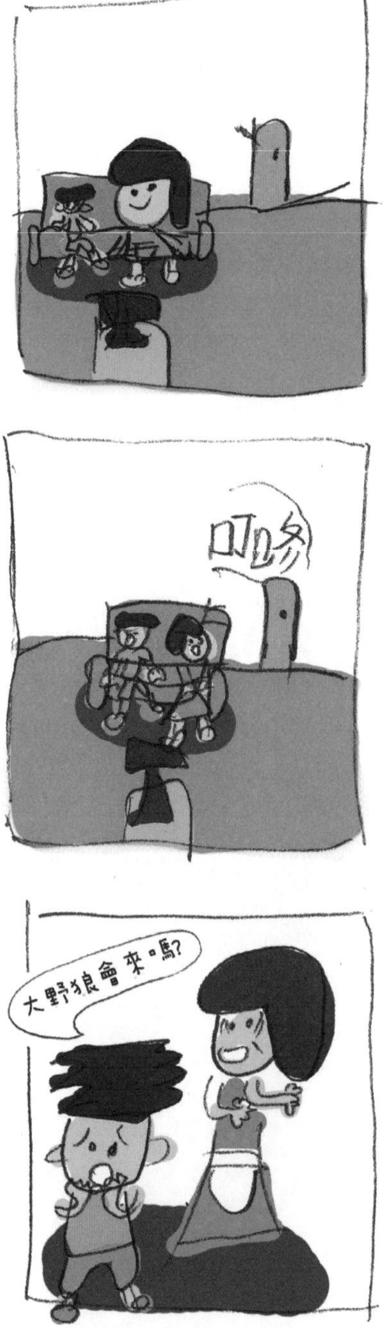

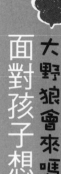

一個天氣涼爽的晚上，爸爸和媽媽帶著三寶到附近的大學操場去散步。爸爸帶著剛上小學的欣欣往跑道上奔去。媽媽一手牽著三歲的佑佑、一手牽著一歲多的安安，慢慢地在跑道外圍行走。

跑道外黑矇矇的，還種了低矮的樹叢。

「**媽媽，黑黑，怕怕。**」安安說。

「**媽媽，大野狼會出來嗎？**」佑佑說。

「**這裡沒有大野狼。**」媽媽說。

「**可是暗暗的，大野狼會不會出來？**」佑佑又說。

「**不會、不會，大野狼不會出來。**」媽媽又說。

「**媽媽，大野狼什麼時候會出來？**」不管媽媽說的話，佑佑繼續說。

大野狼到底會不會出來呢？這件事情變成這個晚上最沒交集的親子話題。

家長們，你們家的孩子聽故事嗎？你有沒有注意過，孩子們其實會對某些故事感到害怕。比如說，我們家的小孩，以前只要聽到童話故事裡的那個笑得非常猙獰的「壞巫婆」聲音，就會趕快叫我幫他跳過那一段。

有很多家長可能會以為，那是因為孩子還不夠大，所以聽到那些配音的時候，就會自然引發害怕的反應。但其實，著名的心理分析家 Melanie Klein 卻說：「聽格林童話故事後，會不會感到焦慮——可以用來做為兒童心理是否健康的指標。」

孩子可能這樣想

「故事怕不怕」，反應「壓抑深不深」

在心理學裡頭，有個理論是在談兒童早期對「性」的啟蒙與經驗。這種性的啟蒙，在人類發展上，心理學家甚至發現在三歲以前的小孩就有性方面的衝動和想像。當然，與「性」相關的議題，在社會文化以及人的心理層面，都是較容易被壓抑的：比如說，一個小男孩如果在大眾面前撫摸自己的生殖器、或著黏著媽媽，都有很高的比例是會受到禁止、或者被要求要長大一點……而這都會成為兒童早期心理壓抑的來源。

除了這些表層的行為舉動外，對小孩來說，這個「性」的啟蒙，還和與父母親之間的依戀有關：比如說，很多小女孩都會說：「以後想要和爸爸結婚」。面對這樣的童言童語，很多父母通常是笑笑就過了，但這對孩子來講，卻是一件非常重要的大事。所以我們常會看到，有些孩子會反對父母親手牽手——這些在大人眼裡看來「很可愛」的行為，其實也代表孩子沒辦法取代父母親地位的挫折感。當這些感受不斷在潛意識發生，孩子在聽童話故事時，裡頭的角色與情節，也就跟著把他們心裡的恐懼和想像給引發出來了。

特別是，性和依戀壓抑越深的孩子，對故事就可能更會有越莫名的害怕和想像！

✪「故事內容」往往投影出孩子對與父母親之間關係的想像

除了性的衝動、以及對父母的依戀，童話故事也常常反映出孩子所感受到的、自己與父母親之間的關係。

比如說，我曾經遇過一個小男孩，他真的是對三隻小豬、小紅帽、七隻小羊……這種裡頭有大野狼的情節感到特別害怕。而且他的害怕，是只要聽完故事，就有深深地、大野狼一定會出現在他房間裡的恐懼感，還常常為此啼哭不已、怎麼哄都哄不下來。後來我才發現，原來這個小男孩有一個喝醉酒後，就會回家亂敲門的爸爸……而他總以為，爸爸這樣狂亂敲門，是因為媽媽總和自己睡在一起，爸爸的狂叫聲是為了把媽媽給搶回去的。

於是，這個媽媽會被搶走的失落、砰然大響的敲門聲，就轉成一種對爸爸的敵意與競爭感，而且在不敢講出來的狀況下，轉成對童話故事裡大野狼的想像與害怕！

家長可以這樣做

✪ 三歲以前重安撫，三歲以後聽內容

三歲以前的孩子，如果常常對故事、或對周圍的人事物，有想像中的害怕——從心理學上的發展角度，我們會重視處理的是孩子內在的「**信任感**」問題。所以比較好的做法，當然是「**安撫**」，並且讓孩子了解父母會在他的身邊保護他。

至於三歲以上的孩子呢？我們已經知道這種想像的害怕，和性、依戀、跟父母相處經驗的縮影都有關係，所以就更要了解，孩子害怕的內容細節是什麼？而下面幾個是可以和孩子討論的原則：

· **具體化**：孩子害怕故事裡的什麼？害怕誰？害怕什麼聲音？害怕什麼樣的形象？

· **延伸性**：孩子為什麼對這感到害怕？這個被孩子害怕的人、事、物，孩子覺得接下來會怎麼發展？

· **關連性**：孩子如何把自己放到他害怕的故事裡？這個故事與想像會如何讓孩子感到威脅？

當然，了解這些以後，最重要的是讓孩子知道，不管大野狼來不來，大人都會拼了命的保護他的。

檢視自己代表故事裡的哪個角色？

另外，因為「日有所思、夜有所夢」，通常孩子會害怕的東西，不外乎是把自己和周圍人事物的相處給扣在一起了（特別是父母親）。如果以這個觀點來看，當孩子遇到想像的害怕和恐懼時，大人倒**不用馬上去壓抑或阻斷他這些害怕**（特別是三歲以上有溝通能力的孩子）。可以跟著孩子一搭一唱地，把他想像中的故事給講出來、講清楚，父母親便多了一個機會可以檢視：自己在孩子害怕的故事中，扮演什麼樣的角色呢？

這些不能說或做

- **「亂講，沒有大野狼，這裡根本就沒有大野狼。」**（這沒有安撫作用，也阻斷了孩子表達與大人之間連結的想像，孩子可能會變得更壓抑）
- **「好啦，你乖大野狼就不會出來，你再不聽話大野狼就會出來把你吃掉。」**（這無疑是給孩子一個充分的想像，自己被父母親給吞噬掉，可能會造成孩子較退縮、或情緒低落）

吃飯，拿著心愛小車車
上廁所，拿著心愛小車車
(想畫馬桶，size卻變成化糞池了…)
小車車終於被拿到壞掉了…

這天，爸爸媽媽帶三寶到公園去玩。出門前，佑佑正在玩自己心愛的白色敞篷模型車，一聽到要出門，堅持要帶著敞篷車同行。

「那放在媽媽的袋子裡！」拗不過佑佑，媽媽說。

「不要！這是我的。」佑佑把車車緊握在懷裡，不肯放手。

「那你要自己好好保護喔！」媽媽說。

就這樣，佑佑拎著白色車車，和欣欣以及安安，在公園裡跑來跑去的。

要離開公園時，佑佑拿起手上的車車一看……

唉呀！不知道是什麼時候的事，車子的四個輪胎掉了兩個、車門也壞掉了。這下不得了，佑佑看到心愛的玩具變成這副模樣，張大嘴巴哭了起來……

「啊～～～我的玩具～～～媽媽～～～我要我的玩具～～～」

「誰叫你自己要帶出來。不聽話！」欣欣在一旁潑冷水，佑佑哭得更大聲了。

孩子把玩具弄壞，是每個爸媽都不陌生的經驗。尤其是越小的孩子，我們雖然喜歡看到他們收到玩具時的笑容，但他們經手過的玩具，卻很難「保留全屍」。那麼，當父母的該如何面對孩子弄壞玩具時的哭泣與失落呢？

孩子可能這樣想

失落，因為「主體」概念浮現

在這個情境中，有幾個重要的概念。首先，是佑佑不願意把車車給媽媽，表示他開始認為這個車車是屬於「他的」，所以保護這輛車是「他的問題」——這是一種「主體」的概念，孩子開始知道，我是可以自己作主的，我可以是一個主要的個體。所以，東西壞掉後的所有情感反應，並不是壞事，反而可以藉此來判斷，孩子**開始有「我」這個概念**，要學習長大與面對挫折了。

「客體剝奪」，容易產生罪惡感

當孩子開始有「我的」、「你的」、「他的」的概念，這些他所擁有的物品就被他視為可以被掌握、擁有、產生互動的「客體」，是幫助他和世界產生連結的東西。所以當孩子覺得明明已經好好保護，這東西卻還是壞掉時，自然產生對自己的懷疑，再從內而外轉化成失去這個物品的「失落感」。

從心理學的角度看，大人們可別以為他們只是心疼這個玩意兒，其實裡頭還連結著很多和他自己相關的複雜情感呢！所以如果東西不見，大人卻第一時間出聲斥責的話，大約在學齡前的這些孩子，就會有深深地、這些「好的客體」、「好的自己」被奪走了的感覺，羞愧感、罪惡感，就會跟著發生囉！

「過渡客體」，容納孩子的衝動

如果這個壞掉的物品，對孩子來講是天天抱在身邊、睡覺也分不開的那種，對孩子來講還具有「過渡客體」的意義。所謂的過渡客體指的是，**當孩子慢慢長大，發現父母不能二十四小時陪在身邊時，就會找一些替代性的物品來自我安慰**，這些物品身上其實都具有重要他人的象徵。

可是很微妙的，因為孩子對父母的感受也是矛盾的，有時愛、有時恨，所以他們也會有一種要「破壞」這些過渡性物品的慾望。但當這些東西真的壞掉的時候，孩子哭聲的背後，其實是因為，這種感覺就像爸爸媽媽、阿公阿嬤等重要他人「壞掉了」一樣，令人難受！

家長可以這樣做

✪ 不用否認「失物」的過程

孩子的失落歷程，許多大人的直接反應都是「安慰」、或者「掩蓋過去」——這或許是因為我們自己小時候都聽過「某人死去了、就是上天堂」這種安慰的話。但孩子面臨失落——從心理學上來看，卻**是一種幫助他們成長的過程**。如果家裡的孩子像這樣弄壞了自己心愛的物品，而父母是說：「這沒什麼，再買就好」，也許是安慰了孩子，但孩子就會回到一個更年幼的狀態：可以一直掉東西、壞東西，而且有人會幫他負責。

所以如果大人說的是：「我知道你東西壞了很難過，但這沒有關係。」就達到一種情感的支持，而不需要透過「我會再幫你買」來安撫孩子（更何況有時候根本就買不到了）。至於另一種回應：「東西壞了就壞了，就算了嘛！」則是很標準的否認失落的語言了。

✪ 用「不是規則」的話，來幫助孩子思考

在西方的心理學界有一段話，是這麼說的：「**從來就沒有一個完美的母親**，但有些孩子會在遊戲當中，因為母親的某些話語、引發他們的思考，孩子內心便獲得啟發而學習到一些東西；但更多的孩子，在遊戲中，就真的只是在那玩而已！」

這裡頭的差別在哪裡呢？為何同樣的情境，有些家長說的話會幫到孩子，有些家長的話就只是安慰而沒有幫助、甚至對孩子造成創傷呢？

有心理學家整理了一個不錯的、父母親可以用來回應孩子的原則，叫做「**不是規則的話**」。也就是說，如果父母要思考自己的話和回應對孩子有沒有幫助，你可以錄一段你和孩子的生活對話，聽聽自己有沒有常常在語言中透露：「規則性」、「禁止性」的訊息。

比如說，在這個弄壞玩具的情境裡，如果大人的回應是：「早就跟你說，不該帶玩具出門。」這就是一種禁止訊息，對孩子沒有太大的幫助，他頂多學到這個規則而已。但如果回應是：「下一次，如果你非常喜歡某個東西，你要記得好好保管，你可以想一想以後可以怎麼保護呢？」這就是一種「不是規則」的語言，來幫助孩子思考。

當父母可以支持孩子的失落、刺激孩子的思考，孩子就能進一步**從失落事件學習到「責任感」**。

在上述「佑佑玩具車壞掉」的這個情境當中，孩子有兩個形式的責任：一個是對發生這個糟糕事件的責任，一個是孩子對自己不聽勸告的行為負責的責任。第一個責任，對學齡前的孩子來說，因為他們心理上還依賴著家庭，所以這種糟糕的感受常常是和父母連在一起的，特別需要大人的安慰；第二種責任則是孩子有了「我」的主體感後，就要進一步從大人的情感支持中學習對他自己的行為負責。

・**「發生糟糕事情」的責任，情感支持與安慰：**「媽媽知道你很喜歡這個車車，車車壞掉了很難過對不對？」

・**「對自己行為負責」的責任，用「不是規則」的語言促進思考：**「所以寶貝，你現在知道，出來玩很開心，就可能會忘記保護車車，那下一次該怎麼辦呢？」

這些不能說或做

- 「這沒什麼，再買就好」（強化孩子的退化、不需要負責任）
- 「東西壞了就壞了，就算了嘛！」（否認孩子的失落）
- 「早跟你說了吧！不聽話，本來就不應該帶玩具出門。」（責備與禁止的訊息，孩子可能產生愧疚感與罪惡感）

你們不可以笑

面對孩子的敏感與愛面子

家裡附近開了一家新的日式簡餐店，爸爸、媽媽帶著三寶到店裡嚐鮮。店裡的一大桶味噌湯旁，放著欣欣最愛的海帶芽；媽媽讓三寶自己舀了一碗湯，夾了些許海帶芽放在湯裡。

對當時才五歲多的欣欣來說，「自己舀湯」真是件了不起的大事。於是她邊喝湯、邊搖頭晃腦，嘴裡唱著自己亂編的兒歌：「**海帶、海帶真好吃，海帶寶寶我愛你**」。

爸爸、媽媽看她自編的歌詞如此單純可愛，忍不住兩個人笑了起來、一邊交談得很開心。沒想到，欣欣聽到爸媽的笑聲，卻突然變了臉，說：「**你們不可以笑，你們不可以笑我。**」原本開心的表情，瞬間轉成嘟著嘴、又生氣又難過的酷臉。

這種敏感的時刻不好好處理，孩子未來也可能會用這種方式和同儕相處，而且對自我的要求也肯定不輕鬆。

敏銳的孩子貼心可愛，太過敏感的孩子卻讓家長感到頭痛——寶貝啊！看著你卻不能笑，難道要板著臉對你才行嗎？

心理學上說，三歲以前的孩子，就可能已經有了「內射」和「投射」的能力。「內射」是

把他人的樣子納入到自己身上，變成自己的樣子；「投射」是把自己心裡所想，當成別人心裡所想。

從這個觀點來看，這種「**猜想別人怎麼看待自己**」的情況就特別容易發生在大一點的幼兒和兒童身上，通常是：**已經產生出「我」概念的孩子**，或者開始有鄰居和玩伴、已經上了幼稚園的孩子。如果你的孩子開始出現這樣的情形——這是一個好機會，看看孩子在家人身上學習到什麼？以及教導他們面對未來同儕的機會教育。

孩子可能這樣想

想想家裡，有沒有誰難放鬆？誰很完美？

相信你可以看得出來，孩子在這種狀況的敏感，在於分不清楚「嘲笑」和「歡笑」。只是，會對「嘲笑」敏感的孩子，也代表他們**容易把焦點放在自己身上**，關注自己表現好不好、人家如何看待他。

會產生這種狀況的孩子，有些是孩子自己天生的性格和氣質所造成的。但還有另一個值得家長思考與探索的是：在你們家裡，是否也有對自己要求十分完美、或者比較難放鬆的大人？而這些特質都讓孩子看在眼裡，也不知不覺地吸收進去了呢？

有一回，我遇到一個媽媽，她正對這點感到困擾，當我問了她這個問題之後，她給了我兩個答案：第一，她覺得她是個很放鬆快樂的媽媽，孩子可能想學習媽媽這樣開朗的個性，但是做不到，所以壓力就變得更大了；第二，孩子的爸爸自我要求很高，也常常對別人的反應很敏感，孩子這點表現就很像老爸的模樣。

可見，**孩子的敏感，有時是反映父母在家裡的樣子**。

想想學校，有沒有發生什麼？孩子如何解讀？

孩子在學校所看到的同儕相處情形，也可能讓他們變得敏感。舉例來說，我大女兒上幼稚園一陣子後，有天她告訴我：班上有個小朋友去廁所上大號，但因為幼稚園都是開放廁所，其他小朋友笑著對這位小朋友說：「好臭、好臭……」。小朋友說這話沒什麼意思，一旁的大女兒卻聽往心裡去了，對笑聲變得特別敏感，因為她從那個上大號的情境，讀到了那個小朋友被大家「嘲笑」的意味。

每個孩子對於情緒辨別的成熟度不同，有些對於情緒線索解讀特別敏銳的孩子，就會產生這樣的狀況。當然，在這種狀況下，家長也要仔細了解，孩子是否對同儕的行為產生錯誤的情緒解讀。

家長可以這樣做

澄清、換位、普同感

很多家長看到孩子這樣的反應，往往感到莫名其妙或不知所措。要不就過分讓步：「沒有，我們怎麼會笑你呢？好，不然我們都不要笑好不好？」要不就不知如何處理，乾脆說：「你幹嘛那麼無聊啊？」

第一種做法，無疑是增強了孩子的敏感，讓父母戰戰兢兢、不知何時該笑；第二種則讓孩子覺得傷了心；至於最後一種呢？孩子看父母那麼生氣，就變得更難釋懷了。那麼到底該怎麼辦呢？不妨試試下列的原則與方法：

・**簡單澄清：**「怎麼不高興啦？覺得我們在笑你嗎？我們笑是覺得你很可愛，不是在嘲笑你。」

・**角色換位：**「你如果看到別的小朋友做了一件很可愛的事情會不會覺得很開心？那你是不是也會笑呢？你笑就是因為開心啊，難道你也是在笑他嗎？」

・**普同感：**「我們大家開心的時候都會笑笑的。你希望爸爸媽媽看到你是開心、笑笑的，還是生氣都不笑呢？所以啦，可以讓大家開心笑笑的，都是很棒的小朋友。」

處理孩子的敏感，別想一步到位

人生無常，別人的腦袋和嘴巴也都長在別人身上。越敏感的孩子，辛苦的是會時時在意別人的眼光，甚至用這些眼光來檢視自己的表現與好壞。

面對孩子敏感的時刻，每個家長的心態不同：有的家長覺得，給人笑笑有何妨？有的家長就是受不了孩子難過。然而，站在教育的立場：當一個孩子連面對同儕的嘲笑都能真心的微笑以對，甚至還加碼讓同學笑得更開心——他未來勢必**成為輕鬆開朗的孩子**。

當然，這絕對無法一次到位，還有賴於家長們能多忍受孩子受委屈的心疼——這種委屈，孩子如果能夠不壓抑、不忙著解讀成人身攻擊，他總有一天會衍生出「給他虧回去」的能力。

在了解和安慰之後，家長不妨拭目以待吧！

這些不能說或做

- **「沒有，我們怎麼會笑你呢？好，不然我們都不要笑好不好？」**（過度順應孩子）
- **「你幹嘛那麼無聊啊？」**（讓孩子更挫折）

當孩子過度敏感的時候，我們不需要順應他，也不需要讓他更挫折。

愛咬手指和摳指甲的孩子
面對孩子內在的焦慮感

安安剛上幼稚園的時候。有天，她用手扯著媽媽的衣服，嘴裡喊著：「**媽媽，痛痛，擦藥藥。**」

安安嚷著痛，對媽媽來講是件很正常的事，依照她個性的敏感程度，只要看到身上哪裡紅紅的，就算沒有引發痛覺，也一定吵著要擦藥，這是安安感受自己被人關心的方法。

於是媽媽拿起一條小乳膏，問安安：「**哪裡？**」只見她伸出大拇指，在她指甲片的底部兩邊，有好幾條被摳起的手皮。

「**哇喔！**」媽媽心裡暗自喊了一聲。這種摳手指、摳身體、拔頭髮等行為，和一般的跌打損傷可不太一樣，有些是因孩子的內在焦慮感而發生的。

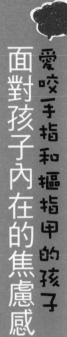

家長們，先想想自己如果工作壓力大、事情不如意，卻又得要坐在辦公室或書桌前奮鬥的感覺吧！想一想，每當這種時候，你有沒有發現自己會出現哪些「小動作」呢？

吃零食？抓頭？抖腳？還是乾脆一邊上網看電視？……是的，如同大人會感受到壓力，孩子面對不熟悉和不習慣的情境時，他們雖然無法說出那個是什麼，但心裡卻會感受到壓力和焦慮。從心理學上來看，這是一種人類正常的心理機制——每當遇到壓力和焦慮時，就需要做點什麼來排解——特別是兒童，更會受到許多天生的內在焦慮所限制：包括潛意識裡頭對未知世界的幻想、對父母親關係的幻想、對自己可能被害或被拋棄的失落。

孩子可能這樣想

環境不一樣，感覺很複雜

一般來說，孩子的焦慮行為，特別容易在環境改變的時候。例如：搬家、換學校，還有剛進幼稚園、小學一年級、國中一年級、高中一年級、大學一年級……你一定發現，就是在他們剛要去適應某種環境的時刻。所以這種焦慮性的行為，常常反映某種適應上的困難。

身體有變化，卻很難表達

孩子會長大的嘛！最早的時候，是先意識到自己的性別，發現自己是男孩兒還是女孩兒。所以其實，早從三歲左右，小男生就會產生喜歡摸自己小雞雞的舉動，還從裡頭獲得舒服的快感呢！可是偏偏這種感覺不是每個孩子都能接受，有時還會被大人罵，焦慮感當然不知不覺產生。但也因為孩子還小，所以這些感受就更難用語言表達出來，只好改用行為來反映啦！

完美特質的自我要求

有很多會咬指甲、摳身體的孩子，**會有完美主義的傾向和特質**。自我要求高，有時連父母都沒辦法勸得動。所以很多家長很頭痛問過我：「老師，我都沒有要他一定怎麼樣，他為什麼會焦慮呢？」唉呀，有時在孩子心裡，自己的爸媽或兄弟姊妹或家人，真的是太優秀了，而且這個優秀是存在孩子心裡的主觀定義，讓他們不自覺地想要「和誰誰一樣」，自然就引發他們的自我要求啦！

家長可以這樣做

以靜制動，以觀察取代阻止

很多家長面對孩子的某些行為，最快的反應就是阻止他：「唉呀，你不要再咬了。唉呀，手手不要再放嘴巴。」但咬指甲、摳手指和身體、拔頭髮等可能性的焦慮行為，如果**你越阻止，孩子反而會對這件事產生更大的誘惑力**。

就像先前所說的，成長過程因為環境和身心的變化，焦慮是正常的心理發展歷程。所以家長不妨先淡定地口頭提醒孩子：「ㄟ，不要咬喔！這樣會痛痛喔！」觀察看看，孩子是不是在提醒後，行為的頻率會降低，如果簡單提醒就有效果，孩子內在焦慮是他自己可以控制的，爸爸媽媽和阿公阿嬤們，就不用太擔心囉！

5W檢核焦慮源在哪裡？

如果在簡單提醒後，孩子咬指甲和啃指甲的習慣還是存在，而且越來越嚴重，從啃一根手指頭變成啃很多根，或者指甲越摳越裡面，就有很高的機率是因為內心有讓他焦慮的感覺，卻又難以用言語表達。那麼家長們可以怎麼辦呢？不妨透過5W：人事時地物，來檢核孩子這陣子是不是發生什麼不一樣的事？其中包括：

- **人、物和環境變化：**孩子和老師、同儕、家人的關係有沒有什麼變化（**包含搬家，父母、家人彼此的關係有沒有變化**）？
- **失落事件：**有沒有什麼人或物讓孩子產生失落感（**如：玩具壞掉、寵物過世**）？
- **特定的時間地點：**孩子的行為特別容易發生在什麼時候？什麼地點？

以這些檢核來找出孩子焦慮的癥結點在哪裡。然後陪伴、關心，傾聽孩子在這些焦慮上的心情，真的情況沒有改善，記得趕緊轉介專業人員喔！

✪替代性行為避免擴大影響

某些焦慮行為是會影響孩子人際關係的。比如說，喜歡把指甲啃得禿禿的孩子、會拔自己頭髮的孩子，都可能被同儕視為「怪異行為」，有時還會影響他們的人際關係。我們雖然不會馬上阻止孩子的行為，卻可以和他一起想想，哪些行為可以代替現在這些舉動。例如，摳手指的孩子，我們可以在他手指頭貼上透明膠帶，讓他摳膠帶、而不用摳指甲；拔前額上面頭髮的孩子，我們可以叫他改拔後面的頭髮，就不會一副光禿禿的樣子。一樣是透過行為來滿足焦慮，但所謂的「替代性行為」，卻是讓安全度增高囉！

孩子的焦慮很難一日改善，需要耐心。但家長們不要著急，焦慮感一旦獲得傾聽，復原都比想像中快得多呢（平均六至八週）！但更重要的是，孩子的焦慮行為——有時是在提醒家長們，記得多帶孩子到不同於平日生活環境的區域走走，接觸一些他平常不會接觸到的人事物，有助於孩子**在新奇中學習放鬆**，打破原本焦慮的思維囉！

這些不能說或做

- **「唉呀！你不要再咬了。」**（禁止訊息，會讓孩子更焦慮）
- **「你不要再讓我看到你在咬指甲了！」**（禁止訊息，會讓孩子更焦慮）
- **打小孩的手，以示懲罰！**（禁止訊息，會讓孩子更焦慮）

上述的表現都反映一種「禁止訊息」。但焦慮感引發的行為，孩子通常很難自我控制，而且當遇到禁止與懲罰，會讓他們更焦慮。

為什麼說拜拜，你不要我了嗎？
面對孩子的分離焦慮

某天，安安去打預防針。

小兒科前面有一台投錢會動的玩具車，打完針後，安安就賴在那台車上不肯走。爸爸看到這種情形，揮揮手對她說：「**安安，那我們要走了喔！拜拜！**」

結果，安安沒哭，六歲的欣欣倒是哭了——默默流淚傷心不已的那種。

「**欣欣，妳怎麼啦？**」回家後，看女兒哭得這麼傷心，媽媽問。

「**媽媽，為什麼爸爸要跟安安說拜拜，我們不要安安了嗎？**」她默默流淚地跟媽媽說。

「**欣欣，有的時候大人說話不是有意的，每個人面對你們不聽話的時候，反應都不一樣啊！這是爸爸對安安不聽話的反應，可是爸爸怎麼可能不要安安呢？**」媽媽說。

這段話顯然沒發生太大的作用，欣欣還是默默流淚。

「**欣欣，妳是不是會怕我們不要安安，不要妳啊？**」媽媽問。

欣欣默默流的淚更多了，緩緩地點頭，像瓊瑤劇裡的女主角一樣。

這是孩子的分離焦慮，而且不是只有年幼時才會發生，六至十四歲開始懂事的孩子，是另一個敏感期。

家長們，請先想想看，現在你身邊那些重要的親人、家人、愛人，如果有一天，他們不在你身邊，你的感覺會是什麼？

如果這種感覺平常就與你同在，我想你可以了解孩子的這種反應，背後是一種不安全感和害怕失去的心情。雖然孩子的生活不如大人般的複雜，但自他們從子宮來到這個多變的世界，卻得要學習在這種不安全感中，靠自己的力量去適應這個社會。

從心理學的觀點，認為孩子的成長，需要建立一種「**客體恆久性**」，也就是對外在可能消失的人、事、物，在心裡勾畫出一個心理形象，**確認他們會永遠在那裡**。有這樣的心理形象，孩子才能在父母及重要他人不在身邊時，還能好好地去學習與探索。但在這之前，他們仍然受到心裡可能和重要他人分離的不安全感所左右——即使是大一點的孩子。

於是，六歲以下孩子的不安全感，我們盡可能地用愛和養育來滿足；六至十二歲的不安全感，卻是一個很好的機會，協助孩子在不安全感中學習信任、與人連結。

孩子可能這樣想

觀察入微，幼年分離感再起

根據研究顯示，孩子從出生六個月開始，就在處理人我之間分離的議題（心理學上稱為「全有全無／全好全壞階段」——你如果在我身邊，就是好人；你不在我身邊，就是壞人），因此不論是保母帶的孩子、上幼稚園的孩子，家長總要處理孩子在分離上的焦慮。

之後，孩子到了**六歲至十四歲**，**對於家庭和周圍的人際關係更會變得特別敏感**，也特別容易抓取環境中的人際線索——尤其是性格上較為內斂的孩子（常常是女孩子）——進一步喚醒孩子年幼時還沒完全處理的分離經驗。

✪ 感同身受，替代性經驗

性格敏感的孩子，同理心當然也特別強，所以當他們心中存在著不安全感時，也很容易對別人身上發生的不安全事件「感同身受」（心理學上稱為「投射」，是一種把自己的想法套到別人身上的歷程）。而這也是六歲前孩子和六至十四歲孩子，在分離不安全感上的最大區別——前者是直接經驗這種感受（所以他們會黏著媽媽、不讓媽媽去做別的事）；後者開始學習社會價值觀，所以就會產生這種對別人經驗感同身受的「替代性經驗」了。

辛苦的是，直接經驗往往可以**透過直接的愛與鼓勵「行動」來化解**；間接經驗就要加上一些**說理**，來啟動孩子的「思考」了。

✪ 尋找穩定，闖蕩人生的基礎

當然，不管是幼兒與兒童，在不安全感中探索的永遠是學習對人的「信任」。心理學中有許多研究都發現，**「信任感」**幾乎是孩子未來所有能力培養的基礎——孩子能信任別人後，才能學習有自己的想法、積極又勤奮地去面對周圍的挑戰，找到自己人生的定位並找到自己愛的人。

而培養信任感最重要的，**是父母與照顧者「情緒的穩定」**。

家長可以這樣做

✪ 檢核家庭中發生的重要事件

有些家長發現孩子的分離焦慮後，在不知所措中，往往有一些心疼感。如果你也是對孩子的不安全感感到心疼的家長，不妨先檢核一下，孩子是否經歷過下列的家庭重要事件？包括：

- **孩子是否有被忽略的感受？**（例如：弟妹出生，被關注感不如從前）
- **孩子年幼時是否離開母親身邊？**（例如：住保溫箱、未滿月就被帶離母親身邊）
- **孩子是否感受到家庭裡的氣氛不太穩定？**（例如：家裡有爭吵或冷戰的氛圍）
- **父母或照顧者是否說過喚起孩子被拋棄感的語言？**（例如：你這樣我不要你囉）

如果你發現上述的事件，在孩子身上曾經發生，記得兩個原則：過去不用追憶、治本甚於治標。也就是說，已經發生的事件雖然可能對孩子造成影響，但孩子的可塑性很強，只要**持續（或重新）提供愛的環境**，孩子都可以感受得到，安全與信任就會繼續建立。

面對孩子的退化行為與叛逆行為

有些孩子面臨不安全感時，即使他已經越長越大了，有時還是會退回到像 baby 一樣的行為（例如：吸手指、蜷曲身體哭泣）；或者，孩子會用一種叛逆或不置可否的樣子來表達這種不安全感。面對這種狀況時，可以採取以下的做法：

- **出現退化行為時**：輕拍、擁抱，用接納這種嬰兒般的行為來重新給予安全感。
- **出現叛逆行為時**：穩定、說理，用不生氣的思辨對話來引導孩子產生信任感。

父母，請表達你自己！

孩子的不安全感，有時會和父母及照顧者潛藏在心裡的不安全感糾葛在一起。所以有時我會看到，有些父母明明在處理孩子的不安全感，那個安慰中卻有一種情緒的距離。於是我不得不說：面對孩子的不安全感——**父母，請表達你的愛**！

至於如何表達自己的愛，有兩點給家長參考：

- **先引起孩子的注意，他才能聚焦到你的表達上。**
- **用孩子懂的語言和比喻。**

這些不能說或做

- 「沒有啊！沒有不要你啊！好啦！以後不這樣說了好不好？不要哭喔！」
（這樣的做法只有安撫的效果，而沒有反思和交流的效用。）

後記

面對欣欣的哭泣，媽媽拉她進房間裡，把衣服往上拉，露出剖腹生他們兩姐弟後的肚皮。

「欣欣～妳知道媽媽的肚子為什麼會這樣嗎？」媽媽問。

欣欣搖搖頭，睜大眼睛好奇地看著媽媽。眼淚不流了。

「因為有一天，妳來到了媽媽的肚子裡，然後住在裡面，一天一天長大，把媽媽的肚子給撐得很大。然後你就生下來了。」媽媽做了一個動作，從自己肚子拉到她的身上。**「然後妳就慢慢地變成現在這樣了。」**

欣欣紅紅的眼眶看著媽媽。

媽媽繼續說：**「所以妳是不是跟媽媽的手手和腳腳一樣，都是媽媽身上來的？」**

欣欣點點頭。

「那妳會不要妳的手手，不要妳的腳腳嗎？」媽媽指指她的手。

欣欣搖搖頭。

「那有的時候，妳的手手做事情做不好，畫圖畫不出來，妳會不會生手手的氣？」

欣欣又點點頭。

「那妳很生手手氣的時候，會不要手手嗎？」

欣欣又搖搖頭。

「那就是啦！媽媽可能會生妳的氣，覺得妳壞壞，就像妳會生自己的氣一樣。可是我們都不會不要手手的，對不對？」

欣欣點點頭，終於笑了。

Part 2
教出情緒不暴走的孩子

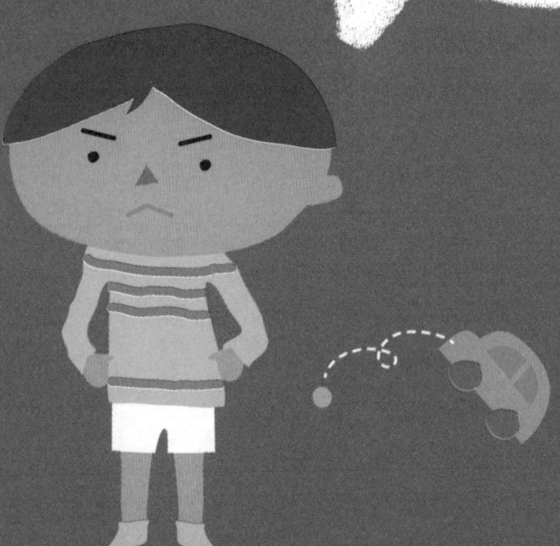

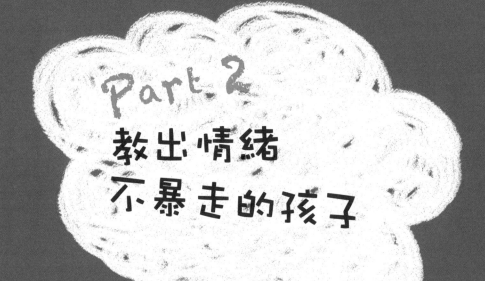

身為父母，你對孩子未來的期待是什麼？

身為一個學心理學的媽媽，我希望我的孩子可以表達自己、安撫自己、穩定自己的情緒。因為我知道，這會讓他活得更健康快樂、做事更有方向、更知道自己要的是什麼……

身為父母，我可以不花太多力氣讓我的孩子變聰明（因為遺傳早主導了孩子的智力，學習只是影響這個智力能展現多少）；我也可以不用花太多力氣去安排孩子的生活和未來（因為孩子自己要走的路、要經歷的感受，不是父母可以替代他們去過的）……但是唯有「情緒」這件事情，是我能帶著孩子去體驗、去探索、去創造的一種生活態度，讓他們未來能以一種優雅的思維，去面對人生所經歷的挑戰。

在這個充滿變動的年代，「培養穩定的情緒」──是父母能送給孩子最好的釣竿。

我不要放手
協助孩子面對喜歡不一定得到

安安非常喜歡貼紙，只要看到花花綠綠的貼紙（特別是公主圖案的），她一定會湊過去欣賞半天，或者伸出手把貼紙用力抓起來，貼在自己的手上、臉上……

對媽媽來說，這樣的安安，有時會造成一些「方便」——特別是當安安在哭鬧的時候，給她一張貼紙，她就會停止哭鬧，而且還會歡天喜地的大聲笑鬧。

只是，安安喜愛貼紙的程度，也造成媽媽的某些「困擾」——這種狀況特別容易發生在遊樂區、文具店以及大賣場。因為安安只要看到哪裡有賣她喜歡的貼紙，就會黏在那個商品櫃前不肯離去。兩隻手拼命地抓著她喜歡的貼紙：「要，要，要……」

「**安安，放手，妳已經太多貼紙了。**」媽媽常常試圖要阻止這種行為。

「要，要，要……」安安懂的語言不多，但遇到貼紙時大喊的「要」倒是十分清楚有力。

「**放手！**」

「要！」

「**放手！**」

「**我要！**」

這幾乎成了每逛一次街，就必定發生的問題。

孩子小，世界的一切對他們而言總是充滿新奇，孩子面對新事物，也出現許多「想要」。有些父母在孩子想要的時候，總是希望能盡可能地給孩子他所想要；因為孩子「得到」時的笑容與表情，常常讓父母覺得「太可愛了」且「珍貴不已」。為了這種笑容，父母親似乎可以付出一切。

不過，因為孩子活在的是一個真實、現實的環境與世界。當他們有朝一日脫離父母親的羽翼，他們必然要去體會「想要，不見得能得到」，世上有太多東西是用金錢、或人為控制因素無法完成的。所以**當年紀越小的時候，就學習以一顆「願意放手」的心去面對事物，無疑是幫助孩子未來有更豐厚的挫折忍受力**。

孩子可能這樣想

想要：「瞬間」與「持續」的差別

新的、有趣的玩意兒，孩子對它發生興趣是正常的——這種「想要」存在於「瞬間」，但唯有**「持續想要」**才能營造發自內在的快樂。

這兩種「想要」該如何辨別呢？拿逛大賣場為例，倘若今天孩子生日，父母想讓她挑選自己喜歡的禮物，孩子可能在逛到的第一個商品櫃就開始說：「我要這個。」然後拿著不放。有許多父母會在這當下趕緊阻止他（特別是我們覺得那禮物不怎麼樣的時候），但因為「瞬間的想要」是會被另一個「瞬間想要」給取代的，所以我們可以鼓勵孩子想一想，讓他向後看看，後頭還有好長的一大排、不知道裡頭有什麼東西，現在決定也許太早，但不一定要強迫孩子「馬上放下」那個物品——即使你覺得太貴、太危險、太不實用，也要尊重孩子「當時的想要」，而不用太快擔心他等一下無法把這個東西放下。

因為等到孩子看得越多，他手上可能也會越拿越多物品（家長在過程中當然可以把自己的意見放進去做引導），等他拿不動的時候，他自然會放掉一些物品。當孩子整個逛完了，還拿在手上的東西，就有「持續想要」的空間；但最後的決定，仍然可以是父母親和孩子共同以「現實的條件分析」為考量所做的。例如，孩子選了一個很貴的物品，你可以告訴他：「這個不行，因為這個東西可以喝『一百瓶養樂多』呢！」

得到：「興奮」與「快樂」的差別

孩子得到他喜歡的東西，常常會產生很高昂開心的情緒。有些孩子處於極度興奮的時候，那所有外在的一切似乎都無法表達他此刻滿溢的情緒，於是乎，孩子就會一直尖叫：「啊～～啊～～啊～～」雖然，這時候的孩子不是哭鬧的尖叫，是高興的尖叫，但只要接觸過孩子的人就會知道，不管哪一種尖叫，只要尖叫聲持續魔音傳腦三十分鐘到一小時，就會令人思緒開始

紊亂、心情開始煩躁。更糟的是，孩子的尖叫聲還會帶動其他兄弟姊妹的尖叫——當兩個小孩加在一起尖叫……嘖嘖。

發現孩子這樣的狀況，家長得要先慶幸：這是一個正常的、會因為外在事物而興奮不已的孩子。但也得意識到，這種狂喜不已的表現是因為外在事物、環境、氛圍而起的「興奮」，而不能算是真正由內而發的「快樂」。

說得再清楚一點：一個「狂喜、興奮」的孩子，通常是因為外在所發生的快感；而一個「快樂」的孩子，則是從內散發的滿足。最容易辨識的特徵，就是前者常伴隨尖叫聲和跑跳的行為，**後者則是一種淡定的微笑和迫不及待的分享。**所以當我們要協助孩子面對「想要，不一定可以得到」，**就得要先轉化他們這種「得到的狂喜」為「得到的快樂」，孩子才能真正去體會「擁有」的內涵。**

家長可以這樣做

✪把「興奮」轉為「快樂」、「失落」轉為「失望」

在我自己養育兩個孩子的七年來，我們都在嘗試進行一件事情：把「興奮」轉為「快樂」，**讓外在的獲得轉化為內在肯定的擁有與滿足。**因為，如果「興奮」的強度可以轉為細水長流的

「快樂」，就不用擔心孩子要面對「強力興奮受到毀壞」的強烈失落感，於是孩子才能開始體會「這種心裡卡卡的感覺」是人生必經的歷程。

・**平時，建立「得到要珍惜的概念」**：用孩子能夠理解的「具體形象」，來讓孩子「體驗」得到的感受。例如，當孩子過年得到了一個紅包，可以帶著孩子去認識那個鈔票的長相，讓他知道這個紅包可以買多少瓶養樂多、這些養樂多可以讓他喝多少年。

・**發生當下，建立「A換B的概念」**：孩子想要A，得不到是一種失落（或失望）；如果你用B來換他的A，他就只是失去A，但得到B。例如：孩子很喜歡貼紙，父母親出去逛街時可以帶著一些貼紙在身上，當孩子吵著要買外面的貼紙，父母親可以拿原本帶出來的貼紙，和孩子換他想要的那個。這種「A換B的概念」，不單單是轉移孩子的注意力，也是「**提醒孩子他已經擁有**」。

這些不能說或做

- **總是硬把孩子手上的東西拿走。**（可以拿走，但不能總是這樣，孩子就沒有進步，而總是覺得被剝奪）
- **孩子想要就給他。**（孩子遭遇的挫折太少，之後遇到被剝奪的感覺，就會一下有太大的失落感）

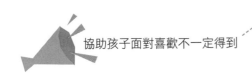

我要自己做

建立孩子可為與不可為的安全意識

媽媽煮飯的時候，三個寶貝都喜歡圍繞在旁邊觀看。

大姊欣欣帶頭。當媽媽開始煮飯的時候，她會幫弟弟妹妹拎來兩張椅子，排排站在廚房邊，看著媽媽打蛋、洗菜、點火……

孩子喜歡跟著父母親做事情，自然是件好事。

可是廚房是個水火不長眼的地方，每看到三寶的這種舉動，媽媽就忍不住要說：

「**去去去，不要擋在這裡。**」、「**很燙！危險！走開！**」

有的時候，三寶甚至看出興趣，想要插手幫忙：

「**媽媽，我也要打蛋。**」、「**媽媽，我也要。**」

這到底是該高興孩子自主、對事物充滿興趣？還是該擔心孩子太大膽、缺乏安全意識？

好危險吶！

孩子成長的過程，原本就是一個意識到「我」和「你」是兩個不同的個體，並且學習平衡這兩者的過程。所以這當中充滿了「可為」（我想做）與「不可為」（你不讓我做）的衝突議題——但這卻也是一個很好的機會，幫助孩子真正長大，懂得給予自己規範，他們未來就會有衝動控制的能力。

所以，這個「我到底可不可以？」——不只是一個親子溝通的歷程，更是一個**學習情緒調節的重要關卡**。

孩子可能這樣想

哭喊是原始的表達與求救訊號

儘管有一些撫養孩子的基本原則，每個孩子仍然有他自己的需要。在法國，親職教養專家們曾經討論過一個問題：母親餵奶，是不是必須三小時餵一次？還是只要孩子需要就餵？當時有兩派不同的觀點，一派主張嚴格地遵照三小時餵一次（大部分是教育學者）；反對的那一方則認為孩子真正需要的時候才餵奶（大部分是心理學家）。

也就是說，心理學通常會主張（特別是重視個體與關係的深度心理學）：我們必須要注意孩子的喊聲、哭叫聲，並從中去了解他們在呼喊的是什麼？比如說，孩子會哭叫，可能是因為他們正在高興，而不一定是痛苦、或者肚子餓了。母親總要**從經驗中去學習「區分孩子的哭喊」**，是正常的哭喊？還是孩子生病了？——這是一種原始母性的經驗法則。

但更重要的是，孩子在哭喊的時候，**我們不應該覺得焦慮，而是去理解孩子究竟需要什麼？**才能進一步尊重孩子的哭喊，了解這個哭喊具有指示孩子狀態的作用，孩子也才能利用這個哭聲來表達他生存的需要。而這種表達與母性的尊重回應中，就起了一個正向的母嬰關係——這是**孩子建立安全界限的基礎**。因為在這過程中，孩子會了解：母親有能力站在自己的立場思考問題，他們就會信任與聽從這個人所「為我」建立的安全界限。

所以，理論上來說，父母都會有一些能力去忍受孩子的哭喊（也就是不會讓孩子的哭喊給逼瘋），並從哭喊中學習到回應和安撫的方式；但有些時候父母自己也遇到了某些人生的問題，就無法忍受孩子的哭喊。因此，心理學家觀察到一種現象：有些孩子「太聰明了」、「哭喊不夠」，或者有時不願意哭出來，可能是因為**擔心父母會有不好的反應**，或引起父母的不高興。

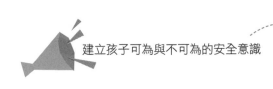

求救訊號失靈，界線也跟著難以建立

心理學主張，父母要允許十個月至十五個月大的孩子破壞一些東西——當然，還是要避免他做威脅到自己安全的行為。這種**「破壞的允許」會帶給孩子一種快樂**。所以，父母必須尊重孩子某些主動性的行為——比如說，給孩子一個玩具，他自己想怎麼玩就怎麼玩，即使他會弄壞，那也是他要學習承受的。

只是，當孩子開始走路之後，大人常常會他一個界線；這個界線隨著每個大人的緊張又有所不同：有些人就是不能容許孩子往高處爬——即使他沒有跌倒，但這很可能會導致孩子的「退化」，孩子就不會那麼乾脆而痛快地去探索了。所以，**每當我們要讓孩子停下來，都應該有一個語言的解釋**，而不是只有「我就是要你這樣做」。特別是，如果碰到孩子任性、發脾氣的時候，大人其實不應該阻止他，應該讓他表達，因為孩子正在處理自己內心的衝突。

比如說，一個不能爬上椅子的孩子在發脾氣，他其實是在對自己的無能生氣；如果大人不懂，就可能幫著孩子爬上去，孩子就更生氣了（因為覺得更無能）。也有些大人可能會誤會，以為孩子的脾氣是在反對他、或對孩子的生氣感到生氣，就可能出言對孩子說：「你真的很皮，你這樣不乖。」（冤枉啊！大人，孩子只是在度過自己內心的衝突而已）。在這種情況下，成人和孩子中間就有一種解不開的誤解——而這些都會干擾我們幫孩子建立安全界限的「信任基礎」。

家長可以這樣做

✪建立信任基礎

要建立孩子的安全意識，孩子必須要先信任：這個幫他建立安全意識的人，是**站在他的立場為出發點的**。否則，孩子就只是「服從」而已，並不真正懂得這是為了什麼。所以如果家長們發現：當你要孩子遠離某些危險，他總是不肯聽，除了是因為孩子年幼、調皮，也可能是因為這個**安全的信任基礎尚未建立**，孩子不懂這些「禁止」的背後是什麼，他們就需要時時刻刻被叮嚀著。

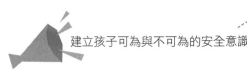

如果發現自己的孩子有這樣的現象呢？最簡單的做法是：

- **尊重孩子的自發性行為，讓他充分地放膽去做**。只要他不把自己陷入大危險，就算跌跤也無妨。
- **找其他成年人討論自己對孩子的安全規範**。多聽聽其他人對孩子的「放手程度」，從中發現自己的規範是否太嚴謹，而限制了孩子的主動性。

✪以語言進行協助

要幫助孩子建立安全意識，最好的方法是「**使用語言**」，而不是「出手相助」。例如，一個年幼的孩子在爬椅子，如果母親說：「你那麼小，爬什麼？」並且反覆抱著孩子上椅子。那麼，即使這個小孩的能力已經足夠自己爬了，這個能力卻沒有機會被看到和驗證，而且以後還會不斷有類似的事情。如果這種事情多了，孩子就不能充分表達自己的想法，變成一個不能主動的個體；於是，孩子可能就無法發展自己的主體性，也沒有辦法發展他的運動系統和整個心理系統。法國心理學家就稱這為「過分保護的孩子」。

但如果在這種情況下，大人是用語言來向孩子說明：「小心一點，慢慢地爬，不要那麼快。」那麼孩子就會慢慢理解，這個舉動原來是讓大人擔心的，但是孩子又懂得母親對他是有信任感的；最後當他成功地爬上這個椅子，他就會反過頭來對母親產生信任感。即使過程中孩子跌倒了，他也會自己意識到：怎麼樣的舉動可能是會有危險性的，並且再重新嘗試，直到成功為止。

大人使用語言對孩子進行協助，可以有幾個層次：

- **表達擔心，原因要清楚：**「寶貝，廚房有火，你看，這個火很燙，所以這裡才會冒煙，你如果不小心燙到，會很痛，所以要離遠一點。」
- **表達協助，要兼顧孩子需求：**「寶貝，媽媽知道你很想看媽媽煮飯，可是廚房的火很危險，所以你要退到門外面看。可以看，但是要遠一點，不然如果鍋子掉下來，你一樣會燙到，很痛、很危險。」

這些不能說或做

- 總是不讓孩子做他想做的事，因為大人覺得很危險。（抑制孩子的自發性，失去親子之間的安全信任基礎）
- 禁止孩子做某些事，卻沒有說明為什麼。（孩子會在自己的需要及父母的需要間，感到衝突）

我要穿這個

面對孩子的固執

前些年，欣欣剛上幼稚園的時候，每天早上總要為了一件事情和媽媽鬧得不開心：

今天要穿褲子？還是穿裙子？

「媽媽，我要穿這個。」

欣欣總是要穿褲子，而且是媽媽覺得很像睡衣的那種褲子，還常常是同一件。

「我覺得妳穿這個比較好看。」

媽媽總是拿裙子，因為欣欣的表姐送給她很多漂亮的裙子，如果不穿，媽媽覺得很浪費。

「**嗯～～我不要，我要穿這個。**」欣欣說——非常堅持。

「不要天天都穿這個，妳又不是沒有衣服。」

雖然知道孩子自己決定就好，可是天天這樣，媽媽實在難以忍受。

於是，就為了這裙子還是褲子，媽媽面臨了「該權威？」還是「該民主？」的挑戰。

「固執」如果有理可依、有跡可循，我們或許還可以嘗試溝通與澄清；但偏偏孩子常常是「固執無理」（因為孩子還不夠成熟到可以覺察想法，進一步表達出來），那麼溝通起來就非常辛苦。特別當家長們遇到一些——「明明這樣對孩子比較好」的狀況，更會對孩子的「固執」感到非常無奈，無法一笑置之——如果孩子又是長年如此，更令人忍無可忍，生氣的感覺也常常伴隨而來。

那麼，孩子「固執」的背後，究竟是什麼呢？

孩子可能這樣想

肛門期的固執反應

孩子從一歲開始，到三歲左右，是心理學上所稱的「肛門期」（透過排泄來尋求刺激的快感），**也開啟孩子自我控制與反抗父母親的能力**。根據心理學家的觀點，因為孩子在這個時期，逐漸能將大小便存放到一定的時間再釋放出來（和之前隨想隨拉大有不同），這過程就是在學習「**忍耐，然後才滿足**」，也學習在適當的時機做適當的事、學習在規範下才做自己喜歡的事。所以，如果父母在此時的教養方式過於嚴苛，就可能讓孩子自我控制能力變得太僵化、變得太追求完美，否則就感到焦慮不安。

「固執」就是孩子在這個階段之後，學習自我控制而逐漸展現的一種「缺乏彈性」的過渡狀態。我用「過渡」來形容，是因為有可能隨著年齡增長，這種**「無理的固執」在過了三歲之後就逐漸消失**；但若父母在這時，老是讓孩子與自己處於一個「對立」的狀態，這種固執就可能持續很久。

其中，外顯的對立（父母說A，孩子要B，僵持不下）可能讓孩子執著於這種「固執」，內隱的對立（父母說A，孩子表面說好，私下偷偷要B）則可能讓孩子把那種焦慮的張力，轉化到某些他可以控制的「固執」上——例如，一定要把棉被在身上蓋得「非常整齊」，孩子才肯睡覺。

家長可以這樣做

✪ 反向思考：孩子越固執，我越要放手

依照物理原則：施力越大、反作用力越大。這個現象在心理上也存在：當我感受到哪裡來了幾分的緊張程度，我常常就要回給他幾分緊張。

這就是為什麼，**孩子的固執常常會引發父母的固執**，到最後變成一種對立的狀態——因為，雙方的心理緊張度，在這過程中被彼此激起了。

如果我們了解這樣的現象，其實就會發現：**最好的處理方法，就是有人先放手**。而這個放手的人如果是「孩子」，常常出現在下列的狀況：用威權來強迫他放手。但在這之後，很多父母會覺得更挫折，因為父母往往希望孩子能主動、開心地放手。所以，父母親能在一個框架中，適時地放手，對孩子來說就變得特別重要：

・**以退為進**：父母能先放手、不堅持，就讓出空間讓孩子思考：這真的是我想要的嗎？

・**公平原則**：父母先放手，不代表父母要放棄自己的想法。當孩子這一刻堅持了自己的想法，公平起見，可以和孩子說好下一次要換成做父母的想法。例如說：「寶貝，不然今天穿褲子，可是明天要穿裙子。不然整櫃裙子都沒有穿，很浪費。」

・**二選一原則**：孩子固執，常常是要堅守自己的主控權和自由。父母如果看得到這一點，就要創造「能提供孩子自由的情境」。例如說：「寶貝，你不能天天都這樣穿同樣的褲子，你要穿褲子可以，可是要在這兩件當中選一件。」

這些不能說或做

- 強迫孩子一定要照自己的想法。（更激發孩子的對抗心，或者醞釀他長大叛逆期的能量，有一天孩子會把他的權利通通要回來）

面對孩子耍賴
我要你幫我做

佑佑從學會吃副食品開始，總是很乖的在媽媽的協助下，快快地把碗裡的食物吃完。兩歲之後，佑佑開始學習自己動手吃東西；雖然總是掉得滿地都是，但他還是很願意自己動手。

沒想到，前陣子爸爸和媽媽要出國，把佑佑送回南部的阿嬤家；才過幾個禮拜的時間，媽媽把佑佑帶回台北，卻發現佑佑不肯自己吃飯了！

「**我要媽媽餵。**」飯桌上，佑佑這麼說。

「**你明明就會自己吃了，為什麼要媽媽餵？**」媽媽說。

「**我我我，我要媽媽餵。**」佑佑扭動身體，不肯。

「**你自己吃。**」媽媽試著要說服佑佑。

「**嗚～我不要，我要媽媽餵。**」

佑佑不肯，嘴巴一邊發出噪音，很堅定地說：「**我不要自己吃。**」

就這樣，餐桌上你來我往三十分鐘，直到飯菜涼了，佑佑還是一口也沒動手。

孩子因為不會做的事情來依靠父母，是一種依賴；孩子明明會做的事情還來依靠父母，是一種耍賴。面對孩子的依賴和偶爾的耍賴，父母可能還可以覺得這很可愛；但面對孩子總是要耍賴，卻考驗著父母的耐心和智慧——因為這個過程，往往會影響孩子未來的習慣與性格。

孩子可能這樣想

從「絕對依賴」到「相對依賴」

當孩子還在情緒發展的最早階段時，孩子的母親在「原始母性」下，常常會沉浸在與小寶貝的「共感」（我們是融合一體的感覺）中；而孩子也絕對依賴著母親，甚至到根本沒感覺母親在照顧他（因為孩子和母親是一體，沒有你我之分）。

這種狀況一直延續到，孩子有越來越多的獨立成長空間時，他們會希望跨出自己的腳步去嘗試其他的事物，而這也回過頭來促使母親重新意識到自己的生命和獨立性。只是，在心理發展上，孩子從絕對依賴、到萌生出「我」的想法，但下一刻又會開始發現自己對母親仍然處於依賴……接著才在這來來回回的過程中，調整成一種**「相對的依賴」（在需要的時候才依賴）**——但這過程中伴隨出現的，就是「耍賴」的現象。

這種狀態可視為孩子處於「我到底需要你？」還是「我其實不需要你？」的困惑中，一種**對抗內在矛盾感的「叛逆現象」**。

✪「叛逆小孩」與「自由小孩」

在心理學上，探討了「小孩」的兩種表達面向：一是「叛逆小孩」的樣子，一是「自由小孩」的模樣。自由小孩的表達，往往是「想說什麼就說什麼、想做什麼就做什麼」，有一種發自內心的自由度；叛逆小孩的表達，則常常是「為反對而反對」，有一種缺乏邏輯的叛逆感——我們如果看得更簡單一點，前一種表達，可能在呈現的是一種內在的「開心」；後一種表達呢？就是內在的「不太開心」了。

也就是說，當孩子在「耍賴」的時候，看起來也許耍賴的是「某一件事情」，但背後在表達和抗議的卻**「可能是另一件事情」**。拿情境裡的佑佑來說，本來他會自己吃飯，回阿嬤家一趟後卻變得不願自己吃飯。這一方面可能是阿嬤會餵他，所以佑佑養成習慣了。

然而，依照孩子的適應能力，他們是可以「在A地的時候是一個樣子、在B地的時候是一種樣子」，並且找到平衡。所以，像佑佑這樣「堅持耍賴」的時候，其實還有可能是為了撫平心裡頭說不出來的、被送回阿嬤家的分離焦慮，以及從阿嬤家又被送回來的分離焦慮和重聚焦慮（和父母重聚也是需要再調適的）的複雜感。

家長可以這樣做

先看懂、再回應

孩子是個心裡很容易產生焦慮的生物（因為他們真的太小、也太脆弱了），風吹草動都可能引發他們心裡的感受，但他們又不見得會表達。所以孩子喜歡聽故事、畫畫、看書、看卡通，都是用一種抽象的方式在解決內在的矛盾與困擾。在這種狀況下，父母親「看懂」孩子在做什麼，往往是處理他們行為的關鍵！

・**看懂**：父母是最了解孩子的人，只是有時候會擔心自己想得不對、或做錯了什麼，而影響孩子的一輩子。其實並沒有這麼嚴重的，當你覺得孩子的行為是出自什麼原因（例如，他剛從阿嬤家回來，父母就可以合理判斷，這個「送走——回來」的過程，孩子的心裡可能發生了什麼），只需要把這些「想像」化成詢問孩子的語言：「寶貝，你是不是想阿嬤啊？」、「寶貝，很久沒有回來家裡了，有沒有不習慣啊？」孩子就會告訴你答案。

・**回應**：當看懂、詢問，並確認了孩子的狀況，這個對話不是就到此結束了，而是要進一步的回應，才能帶領孩子去消除成長中必經的焦慮。所以，當我們發現孩子的耍賴是因為某個原因，就要透過一些回應來抵銷他耍賴的動機。例如：「寶貝，你回阿嬤家，有沒有很想媽媽？

媽媽也好想你喔！可是爸爸和媽媽有事，所以才讓你回阿嬤家。你看，這是爸爸媽媽要送給你的禮物。**（重點不是禮物，而是讓孩子知道，即使你去忙、把他送走，心裡還是有他）」**

這些不能說或做

- **用權力來讓孩子屈服：「我叫你吃你就吃。」**（只處理行為，沒有處理孩子耍賴的原因，就白白浪費孩子的耍賴了）
- **用威脅來讓孩子屈服：「你不給我做你試試看。」**（與孩子的耍賴對抗，耍賴背後的焦慮沒有解除，反而更焦慮、或更引發叛逆）

不要啦！好啦！討厭啦！
面對孩子缺乏禮貌

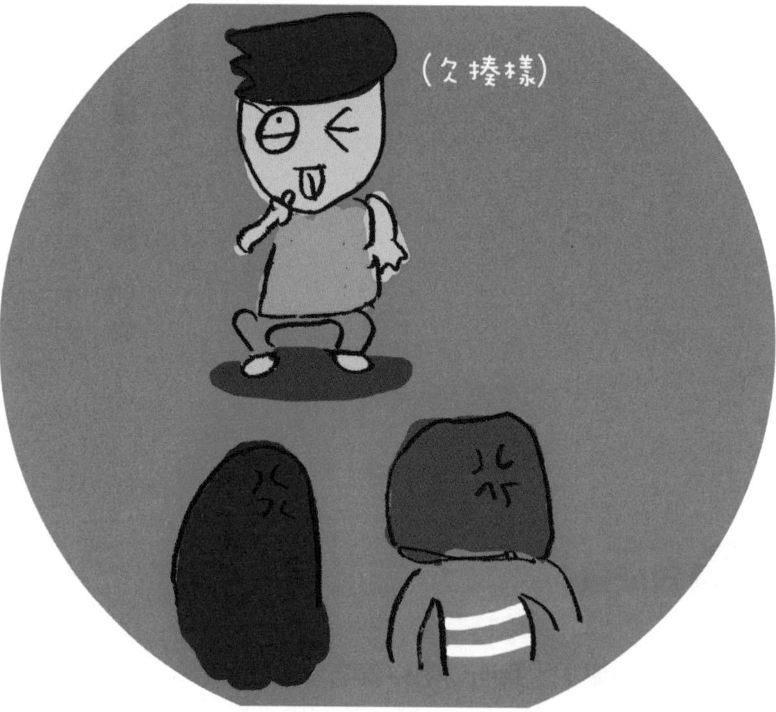

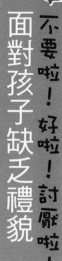

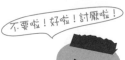

媽媽的好朋友從巴黎旅遊返台，給媽媽帶了一盒巧克力球。佑佑打開包裝吃了一顆，對香甜的滋味當然愛不釋手。

「**我還要吃。**」連續吃完幾顆後，佑佑欲罷不能地又伸手要。

「**一天不能吃太多喔！**」媽媽在旁邊說。

「**蛤～～**」佑佑嘟起嘴，生氣耍賴地搖著身體。

「**不行。**」媽媽又說。

「**好啦！討厭！**」佑佑氣呼呼地，眼睛往上看人。

這是媽媽最不喜歡看到的表情，看起來像在瞪人、沒禮貌的模樣。

孩子能不能養成良好的禮儀習慣，相信是許多家長同樣關心的問題。過去雜誌上曾經做過調查，哪些是「小孩頑皮，大人沒有第一時間制止」的前十大無禮的行為？我們從第十名倒回來看，包括：孩子打噴嚏沒有摀住口鼻、活動時不管後面的人就站起來拍照（這句像是在說大人的）、公共場合嘻鬧太大聲、玩遊樂器材不守規矩、大人用比孩子還大的音量叫小孩安靜（這句也像是在說大人的）、用餐後食物掉滿桌卻沒有收拾、捷運上像猴子一樣玩吊環、車廂裡影響別人睡覺、商店裡放任孩子跑來跑去……而最重要的冠軍項目呢？則是放任孩子踢前面座位的椅背。

我仔細看了這些被票選出來的內容，可以想像評分的人一定都遭遇過這些無禮行為；但我想對家長來說最困難的是，這裡頭除了少數幾項以外，其他幾乎都是孩子快樂時，就會出現的反應。比如說：講話大聲（有些孩子還會在火車上唱歌呢！）、跑來跑去（除非你把他綁著，不然有些孩子就是要一直跑啊！）、打噴嚏要摀口鼻（早就講過了、學校也有教，忘記、忘記，就是老忘記）……那麼，父母到底該怎麼辦呢？

其實你會發現，這些被挑出毛病的行為，都是因為**「干擾到別人」**所引起的。與其一直禁止孩子這些行為，從心理學的角度來看，不如多增加孩子的同理心；而且，要從家庭裡頭開始練習。

孩子可能這樣想

違反快樂原則的行為表達

孩子年紀越小，越不懂什麼叫「禮貌」（我指的是「禮貌」這個語詞的意思）。所以孩子只能以別人的反應來判斷，自己還要不要持續這個行為。

因此，當孩子出現的無禮行為，是一些沒有特定對象的「事件」（例如，跑來跑去、亂打噴嚏、在車上大聲唱歌），只有一個理由：孩子的快樂已經影響了大人的快樂。而孩子會不聽從大人的教導，也只是因為很簡單的理由：**這些教導禁止了他們行使快樂原則**，所以他不開心。

孩子是家裡的鏡子

另外一種無禮行為，是針對某些「**特定對象**」的。例如，對阿嬤特別兇、對陌生人不打招呼。這種無禮行為，所反映的則是家庭裡的「關係」。

比如說，孩子可能觀察到，在整個家庭裡面，阿嬤的地位好像是特別低的（因為阿公、爸爸、媽媽都可以對阿嬤大聲講話），所以孩子可能就學到一個信念：如果家裡要找一個人作亂，那個人應該就是阿嬤！

過去很多人說，教孩子有禮貌，大人是不是要先「以身作則」？我認為這個「以身作則」，指的不是「大人要孩子對自己有禮貌、自己要先對孩子有禮貌」，而是當大人要教導孩子「對長輩有禮貌」，**大人要「先對長輩有禮貌」**。

因為，孩子的行為，就是家庭的鏡子。

家長可以這樣做

✪ 同理與建立正向行為：運用遊戲與繪本

孩子的很多無禮行為，其實**對他們來說，不但不叫「無禮」，還自以為有趣**。所以，與其想要花很多力量削弱這些行為，不如**提升孩子的正向行為**，這還比較容易。為了雙管齊下，讓效果更好，家長可以同時採取「增加情境式同理心」和「建立正向行為」的方法，並且將孩子時常接觸到的遊戲與繪本融入到「禮貌教育」裡頭來：

・**增加情境式同理心**：孩子小，感受力強，增加情境式同理心的方法很簡單，就是常問孩子：「如果你遇到這樣的事情，你會怎麼樣？」例如：孩子用眼睛瞪人，你可以回瞪他，問他這樣的感覺如何？孩子坐車一直踢前面的椅子，你可以問他：「如果坐在後面的人也一直踢你，你會怎麼樣？」年紀小的孩子可以**透過這種情境和體驗來增加同理**，但如果你是問孩子：「如果你是他，你會怎麼樣？」對他們來講就太抽象了（**因為他真的不是那個人**）。

・**建立正向行為**：關於那些孩子必須要知道的禮儀原則，特別是與安全和衛生有關的，就有賴父母把它們變成一個「好的行為」來教——當孩子做到時，鼓勵他；**當孩子忘記時**，**提醒他**。打噴嚏要用手遮起來就是一個例子，但這也可以又回到情境式同理心的引導，問孩子：「如果是你被人家噴到鼻涕會怎麼樣？」。

市面上有許多繪本，裡頭都以故事來引導孩子，家長可以挑選和你所頭痛的問題相關的繪本，不厭其煩地和孩子多講幾次，以後孩子再犯的時候，你大可以提醒他說：「唉！你又要變成髒髒小公主囉！」

倘若沒有挑到適合的繪本呢？沒關係，就運用孩子現有的玩具和娃娃屋，來編造一個適合他「無禮」議題的故事吧！

這些不能說或做

- **「你再這樣試試看！」**（威脅口氣，可能阻止孩子的負向行為，卻沒辦法增加他的正向行為）
- **幫孩子向旁人道歉。**（不是完全不能做，但最好是讓孩子自己去面對旁人的眼光，要求孩子自己道歉）

救命，我好痛

面對孩子的疼痛

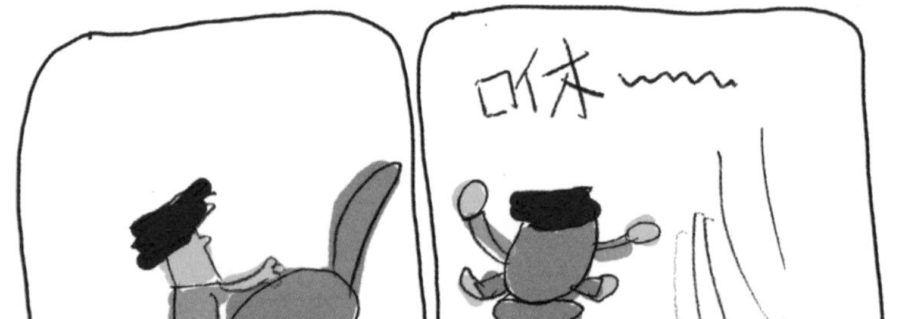

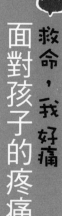

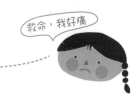

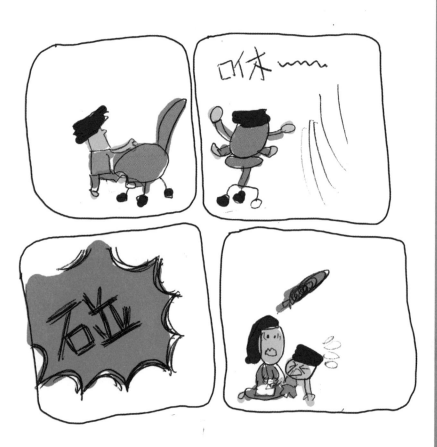

這一個禮拜以來，欣欣每晚都喊著肚子痛。

刷牙說肚子痛、吃飯說肚子痛、睡覺說肚子痛、半夜也說肚子痛……每聽她喊一聲，「腸病毒升溫」的斗大標語就閃進媽媽的腦海裡，讓媽媽即使是半夜，也忍不住起來檢查欣欣的手腳、口腔，看看有沒有水泡和破洞。

將近一個禮拜過去了，腸病毒的疑慮被感冒的確診蓋過。欣欣肚子痛的喊叫聲卻還是沒有停過。直到這天，媽媽才突然頓悟：「**應該是便秘吧？**」於是檢查口腔的行為轉變成哄騙欣欣坐到馬桶上。

「**我不要我不要！屁股會痛痛。**」比檢查口腔還難，欣欣整個人的身體巴著媽媽的大腿不放，雖然是個小孩，體重還是很有份量。

「**媽媽陪你。**」媽媽只好把她抱到廁所，用身體環抱著欣欣，讓她使力。

「**我不要我不要！媽媽痛痛。**」啊……做媽的最怕聽到「痛痛」兩個字了，喊多了媽媽的心會碎。

沒辦法了，媽媽只好和欣欣玩起小遊戲。

「**欣欣的肚肚是推土機，媽媽的手手是大卡車，推土機來推大卡車，看誰會贏？**」媽媽說。

真是太神奇了，當推土機推動開始，欣欣再也沒有喊過痛。只是揪著一張臉，笑著、又扭曲著的複雜表情……

聽到水聲噗咚噗咚的聲音，母女倆在廁所裡同時露出開心又詭異的微笑。

「**耶耶～～馬麻我贏了！**」

面對孩子的疼痛，不知道各位家長有沒有過這樣的經驗？

我自己的大女兒，在兩歲多的時候，去中正紀念堂玩，沒想到這麼空曠的地方，行走奔跑間，她卻跌倒撞到地上的石頭，當場鮮血直流，嚇得當時才是「新手媽媽」的我，在假日裡抱著她直奔醫院。

「疼痛」似乎是孩子成長中必然經歷的，但仍無法避免一個殘酷的事實：疼在兒身、痛在娘心。我們該如何面對，以及幫助孩子面對這些疼痛呢？

孩子可能這樣想

心理上的「怕」，會加重生理上的「痛」

孩子受傷，對這麼年幼的他們來說，當然是一件很痛的事情。但我想大家都能理解，「心理會影響一個人的生理」，所以孩子如果能輕鬆地面對「疼痛」，他們實際上就不會感覺到有這麼痛了。

這就是為什麼孩子很痛的時候，總是需要大人的安慰。大人的安撫，**能夠幫助孩子在疼痛中感覺「輕鬆」**，那個受傷的「害怕感下降」，孩子就覺得那個疼痛彷彿好一點了。

夾雜想像，就會「痛上加痛」

孩子在疼痛的當下，總會有個奇怪想像：這個痛就是會一直痛，都不會好了。也就是說，孩子因為疼痛的哭聲裡，只有大約五成左右是真正因為那個「疼痛本身」，其餘的則是一種**心理想像和心理哀悼**。

因為這些想像的成分存在，父母就更要去評估孩子目前「**真正的狀態**」是什麼？不要被孩子的大哭嚇到，以為他真的痛成這樣；因為這種「**以為的想像**」，會強化父母對孩子的擔心，進一步讓這種氛圍瀰漫到孩子身上，孩子就更痛了。

家長可以這樣做

先做安撫，再求勇敢

安撫孩子的疼痛是件不容易的事情——因為我們常常會為孩子的痛而感到心疼，搞不好比孩子更傷心。只是，痛都已經痛了，孩子和父母不管如何，也只能面對，但又不能冷血地從疼痛一開始，就要求孩子要勇敢，這樣孩子委屈的情緒就無處可去。因此，在孩子疼痛的開始，父母除了冷靜外，的確要先給予輕聲安慰、肢體安撫外，另外還有一個很有用的作法：

- **對孩子分享自己身上的舊傷：**除非極度幸運，不然父母自己的身上也會有或多或少的舊傷痕。和孩子分享自己疼痛的經驗，不但有助轉移孩子對疼痛的注意，也可以讓他們了解「**原來爸爸媽媽也是這樣走過來的，那我一定可以**」。

把疼痛具體化，變成可以打倒的物品

在心理諮商中，有一種叫做「外化」的技巧：指的是把人的一些內在感受、或說不出口的表達，變成一種「實際的人事物」。例如：「痛痛是一個怪獸，我們來練習把他打倒！」這是一種以「遊戲般的態度」，來幫助孩子轉化疼痛與挫折的作法：

‧這個痛痛像什麼？：「寶貝，痛痛對不對？這是因為你跌倒了，所以這裡（指傷口）就多了一個小怪物，小怪物讓你流血了，所以就會痛痛。」

‧我陪你一起對對付他！：「寶貝，媽媽幫你把小怪物蓋起來（可以幫孩子蓋個OK蹦）。」

對年幼的小小孩來說，這些遊戲的對話不單能幫他們對抗疼痛，更重要的是，在這種親子互動中，他們會真正學習到「勇敢」，以及「小心」。

這些不能說或做

- **「不要哭，你要勇敢。」**（禁止孩子哀悼疼痛，孩子的痛會找不到出口）
- **「啊！寶貝，怎麼會這樣？啊啊！你不要動，你不要動！」**（比孩子還緊張，會強化孩子的痛）

財神那麼可愛，你怎麼哭了呢？

農曆年前，媽媽幫三寶報名了一個「繪本故事屋」的活動，主題是財神爺爺的故事。才藝班的老師說，會有財神爺爺的大型玩偶，在現場作戲劇演出，欣欣和佑佑都期待極了。

倒是小妹安安，是第一次參加這種活動。在報名前，媽媽有些擔心地跟老師說：「**老師，安安的個性有些內向，行嗎？**」

老師拍胸脯地保證：「**媽媽放心，這個活動啊！孩子一定會喜歡的，財神長得很可愛，還會發糖果，小朋友一定很愛的。**」

活動當天，媽媽開心地帶著三寶去聽「財神爺爺」的故事。安安看到這麼多不認識的小朋友，黏著媽媽不放。好不容易等到安安有些鬆懈了，準備往地上爬的時候，財神爺爺出來了……

那是一個裡頭有人裝的大型玩偶，晃著巨大的身軀、提著小朋友最愛的糖果籃出來。小朋友開心地湧上去，只有安安……

「**啊！不要，不要。不要來，不要來。**」安安大哭了。

看到財神爺爺走出來，安安本來要往地上爬的小腿又縮了回去，整個人往媽媽身上擠。

「**我要回家！**」安安大聲說。

對年幼的孩子來說，**願意探索環境的心情特別重要**——這不單是孩子願意嘗試新事物的開始，也是他們未來學習的動力。

如果家長們想要了解孩子探索新事物的態度，可以觀察一個狀況：當你帶孩子到一個陌生的地方，你放手讓他走出去以後，他是否會願意往前走？也許他走到一半會回過頭來看看你，但當你對他微笑之後，他也會微笑地繼續往前走？

如果答案是肯定的，就是願意探索的孩子——他們的心理上有一種「**相信**」，**認為即使自己踏出向外的腳步，父母也會在某個地方等待他們**。

然而，當孩子缺乏對父母這樣的相信，他們的探索階段容易充滿困難與矛盾。

孩子可能這樣想

探索期的壓抑

孩子從出生開始，就面臨許多外界的刺激，並且在不同時期需要透過不同的方式來進行探索。一歲前的孩子，滿足刺激的部位在口腔——拿到什麼東西總要往嘴巴裡放。三歲前的孩子，會出現許多父母不能理解的「行為」與「想法」，例如，他們會想要仔細地看著自己的大便，甚至在公共場合襲擊老奶奶的胸部……因為這樣的狀況，讓孩子與父母之間，不知不覺產生許多理解上的「代溝」——父母親不理解**這是成長中正常的行為**（所謂正常，就是**過了那年紀自然會慢慢消失**），而出現驚訝或責備等反應。

孩子在這過程中，就可能以「壞的印象」標記自己自然的衝動，對於環境的探索產生心理上的畏縮……而這種狀況無法解決時，往往會出現像上述情境這種退縮性的行為。

過度保護與安全感的議題

身為父母，總會本能地去保護孩子。所以在許多研究上發現，特別是出生別第一胎的孩子、有些先天性疾病的孩子，容易引起父母的過度關注與保護；其他還有許多情形，則與父母親自己的成長經驗相關，讓他們對孩子總是亦步亦趨地「照料著」、「看著」（特別是自己也在嚴謹環境下長大的父母）。孩子被照顧好，雖然會安全無虞，可能連跌跤的經驗都不多，但卻會抑制孩子探索環境的心，也會抑制求取新知的冒險衝動。

不同於安全感充足的孩子，不願意向外探索的孩子，心裡上有種想像：**總覺得父母親會「不見」**。這種說法可能會引起許多家長的困惑，甚至挫折：「沒有啊！我常常和孩子在一起啊！為何孩子還會這樣？」

其實剛剛已經談到了，孩子的世界雖然單純，但又因為語言的貧瘠，讓他們有困難去表達或澄清某些感受，他們的想像世界就容易變成一種「扭曲過的單純」（所以孩子常有一些，大

人會覺得他們怎麼會這麼想的「想法」）。我從與兒童家庭工作的經驗中發現，這種狀況並不一定是出自父母的缺席或疏離，反而是因為**父母親一直在照顧孩子，卻沒有好好和孩子談愛、做眼神接觸、擁抱，及其他的情感交流**。在這種情況下，孩子雖然知道父母關心他，卻「不知道」父母愛他；或者，**「理智上」**知道父母愛他，卻**「感受不到」**父母愛他。

家長可以這樣做

✪ 創造孩子與週遭人事物的關聯性

孩子對週遭人事物的退縮及不願嘗試，父母與其不斷告訴他：「這樣不對！這樣不行！」不如反過來**創造孩子願意接觸周遭人事物的「動力」**。我們先前已經談過，這種狀況可能來自於「孩子和父母的情感連結（關聯性）」不強，所以為了創造孩子的動機，自然以「關聯性」的概念著手。其中包括：

・**父母與孩子的關聯性：**孩子對父母有興趣、父母可以回應孩子的興趣——是孩子對其他人事物發展出動機的前提。所以不管孩子現在幾歲，**回應孩子對父母的興趣永遠是最重要的**。實際做法不外乎「孩子和你說話時要看著他」、「孩子靠近你身邊時你要撫摸他、擁抱他」；可以聽得懂故事的孩子，「適時讓他知道父母的相識過程、家庭裡的故事」……而且這些親子互動將永遠不嫌多、不嫌晚。

・**孩子與周遭事物的關聯性：**孩子不喜歡某項新的東西，往往是因為這樣東西和他沒關係、他也沒興趣——所以要打敗這樣的現象，十分可行的做法就是「**讓孩子知道他為什麼要做這件事**」。例如，孩子時常不願意吃的青菜，父母可以讓孩子知道，青菜對他的身體有什麼功用：「胡蘿蔔可以讓眼睛看得更清楚，看完卡通眼睛就不會太酸」、「青菜的纖維可以讓腸胃動起來（你還可以伸手摸摸孩子的肚子），你就不會常常肚子痛」。甚至，帶著孩子去看農夫種田，了解稻米如何產生……當孩子「**體驗了這些新事物**」，自然就「**願意嘗試這些新事物**」。

這些不能說或做

- **總是抱著「如果孩子不想做，那就算了」。**（沒有機會了解孩子是「不想嘗試」還是「不喜歡」）
- **強迫孩子去做。**（可能養成孩子「被強迫才會去做」的習慣）

我不會，這好難
面對孩子容易放棄

新學期，欣欣帶回來老師發的一張「才藝通知單」，有韻律、畫畫、黏土、點心、樂高、科學……好多好多才藝活動可以選擇。

「欣欣，你想要學什麼？」媽媽問。

「嗯……我不知道。」欣欣聽了這麼多選擇，很猶豫。

「學跳舞？」媽媽又問。

「嗯……我不會。」欣欣說。

「不會才要學啊！」媽媽說。

「可是我不會。」欣欣又說。

「不然，樂高呢？」媽媽再問。

「嗯……那是什麼？我不會。」欣欣又說。

「就是把很多積木排起來呀！很好玩的。」媽媽鼓勵欣欣。

「我不敢，好難喔！」欣欣低頭說。

看著欣欣好像每一樣都想放棄，媽媽忍不住一直要鼓勵她。於是，好好的才藝班選擇，就這樣變成一場「說服大會」了。

孩子的「不敢」，會表現在很多層面。小小孩的「不敢」，會讓他們不敢嘗試許多「明明無危險性」的人事物；而大一點小孩呢？這些事物對他們來說已經不是非常陌生，但他們卻很容易退縮。從心理學角度來看，這已經跨越了「不敢嘗試」，到了一種比較偏向「消極」的心理狀態：未戰而先放棄。

要鼓勵這種「容易放棄」的狀態，父母除了要先了解背後的原因，**還要幫助孩子建立「成功的想像」**。

孩子可能這樣想

✪ 自主性的挫折：罪惡感與退縮

心理學上的「肛門期」，發生在孩子大約一歲的階段，孩子此時會透過排泄物的自我控制，來完成「做自己主人」的感受與能力。這個階段的孩子有一個很明顯的特徵：凡事都有自己的看法，或者常常喜歡自己做或決定某些事。

例如，有些小男生，在這個時期看到爸爸繫著皮帶，就跟你說他也一定要穿有皮帶的褲子，殊不知這種剛學會「尿尿要說」的階段，繫皮帶是一件很麻煩的事情——要上廁所時解皮帶不及就可能會尿在褲子上。倘若，這個時候大人的反應是：「你看看，早就叫你不要穿這種褲子了吧！活該。」孩子的自主性就會受到挫折，**他們有自己想法、卻又因這想法而受挫**，加上大人的責難，就會開始萌生「**我的想法會害人**」的罪惡感；這可能讓孩子不再敢有那麼多天馬行空的想像和作為，也會變得比較容易退縮。做起事來自然綁手綁腳，一旦有挫折感覺「即將降臨」，就先舉手投降了！

肛門期的自我放棄

孩子的情緒也會隨著年齡增長而發展得更成熟（其實就是情緒變得更複雜、更難解）。大家不妨想想，我們因為語言學習夠了，所以老師曾經教過我們如何定義「忌妒」、「輸不起」、「做不到」……可是對孩子來說，這通通都是很難被表達、被定義的一種「**不舒服感**」而已。

既然孩子講不出來，那麼對他們來說，最好的方式當然就是不要面對這些，所以只要任何情境讓他們感受到危險的存在，他們不如都不要去做，就不會受傷害。這種孩子最典型的狀況是：完全服從於父母幫他們安排的事情、完全仰賴父母親對他們的幫忙。只是，被安排好了、被幫忙多了，其實是**孩子一種不敢面對的放棄感**。

所以家長們知道嗎？這個時期，孩子們所愛聽的童話故事，就具有幫孩子「整合挫敗感」的功能。比如說：童話故事「灰姑娘」裡頭，有一對忌妒灰姑娘美貌的後母和壞姐姐，但這些人後來都受到懲罰了——這種故事孩子聽了會很高興，不是因為故事多好聽，而是因為「忌妒感」被打敗了，孩子可以重新回復那個美好的自己。也就是說，當家長們聽到孩子從童話故事裡學到了某些議題，我們還要回過頭來幫助孩子，**把這些「虛擬的想像」與「真實的他」做連結**，和孩子一起激盪思考，他們遇到這些不舒服情緒時可以怎麼辦？孩子就不需要總是用「放棄」來加以面對。例如，和孩子討論：壞姊姊會忌妒灰姑娘，孩子知不知道忌妒的感覺是什麼呢？孩子平常是否也會對某些人產生這種感覺？有這種感覺的時候孩子都怎麼辦？

家長可以這樣做

✪ 善用「畢馬龍效應」：引導想像，孩子就成為那個想像

心理學裡頭有一種「**環境療癒**」的觀點：認為每個人都有與生俱來的潛能，只要在滿足內在需要的環境下生長，獲得良好的互動與回應，人們就能充分運用內在的資源、朝向自我實現。就像那埋在土裡的種子，只要給予適當的養分和空氣，它的根會往土裡紮得越深，而它的莖和葉子則是昂頭地朝陽光的方向生長。

我曾經遇過一個朋友，她在拿到博士學位的慶功宴上，說了一句令人跌破眼鏡的話：「我要感謝我的國小老師，因為他小時候說我『撿角』了，我才會努力到今天。」

「撿角」是一句台語，形容「這個人沒有用」的樣子。那麼，為什麼這個朋友要這麼奇怪，感謝有人用這句話罵他呢？

原來，這個朋友是聽不懂台語的。她剛上小學一年級的時候，因為沒辦法完整地唸出一段課文，一度被判定為學習遲緩；加上各科成績怎麼考都是滿江紅，所有任課老師看到她都搖頭嘆氣，偏偏她連體育、音樂都才藝課程都不太行，於是大家對她的評語就是：「世界上怎麼會這樣頭腦簡單、四肢也不發達的孩子？」

某一次的小考過後，這位朋友照慣例拿了一片慘不忍睹的成績。誰知，導師卻在放學後喚她過來，用一口當時不被允許說的台語，微笑且慈愛地對她說了一段話……詳細內容是什麼她已經記不起來了，只依稀記得老師溫柔地撫著她的頭，說：「你真的是撿角啊（台語）……」

這個朋友是個標準的外省人，台語一點都不通，壓根就不懂老師當時在說的話意思是什麼；可是深印在她腦海裡的，是老師當時眼神、表情和語氣，於是她在那個溫柔慈愛的想像中，誤會老師是在誇獎她了——她以為「角」是在形容鑽石，簡直不敢相信老師會用鑽石來形容她！

於是這天大的誤會就陪伴著她的求學時代，她開始發奮唸書、以報師恩，上課時總努力地抄筆記，遇到真的不懂的地方，還硬背下來……就這樣一路讀到開竅、直攻博士，終於成為一顆閃亮亮的明日「鑽石」。

這就是心理學裡頭著名的「畢馬龍效應」——**當你想像自己會成為什麼，你就將成為那個樣子**。

在這樣的觀點下，我們可以了解：不管孩子過去曾經經歷什麼、不管孩子多麼容易放棄，只要他能重新擁有一段讓他感受到滋養、獲得鼓勵的關係，就有機會在內在充滿快樂的溫暖下，找到自己的未來道路。

・**在實際情境中引導孩子想像，發掘孩子的喜歡**。例如：帶孩子去欣賞兒童舞蹈表演（即使只是在公園看大哥哥、大姊姊跳街舞）、看畫展和藝術表演，引導孩子想像，發現孩子的興趣方向。

・**分享父母的挫折故事，讓孩子了解「喜歡的事」不一定要「做得完美」**。有些父母會向孩子說一些身心障礙成功人士的故事，但其實對小孩來說，不如說父母的故事來得有共鳴——特別是小孩。因為，當小小孩發現他們心目中如同「神」一般的父母，也會犯錯，就可幫助他們未來面對困難時，能更輕鬆以對。

這些不能說或做

- 誤用激將法:「這麼容易放棄，就是沒有用。」（加深孩子的挫折感）

- 用親子關係加以威脅：「你這樣什麼都不敢，真的很不像媽媽的小孩。」（加深孩子的罪惡感）

可是……可是…… 面對孩子找藉口

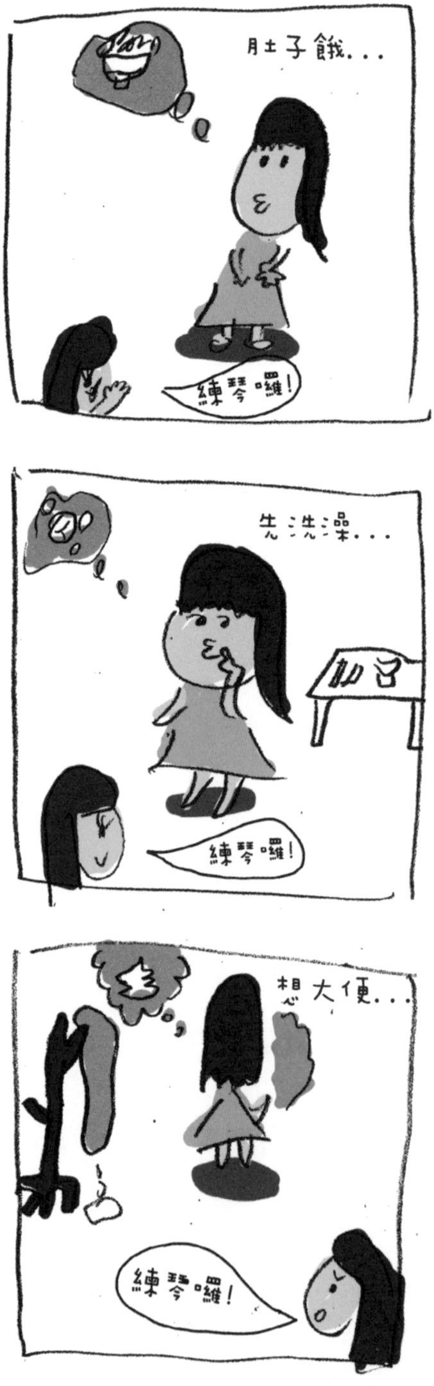

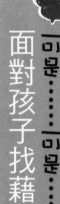

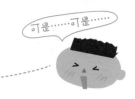

欣欣從四歲開始，就讓媽媽送到音樂班去學鋼琴，上到現在也三年了。

鋼琴是一種需要練習的才藝，每回老師上完課，總會派一些回家作業，叮嚀孩子們回家要完成。因為媽媽也學鋼琴，所以家裡擺著一架欣欣隨時可以練習的鋼琴；只是，不知道是不喜歡？還是回家就貪玩？……

每當媽媽要欣欣去練習老師教的曲子，欣欣總會說：

「媽媽，可是我現在肚子痛，我想大便。」

「媽媽，可是我想要先洗澡。」

「媽媽，可是我肚子餓，我想要先喝牛奶。」

就這樣「可是」、「可是」、「可是」……，媽媽不禁感到懷疑：學鋼琴，是為了欣欣自己？還是為了媽媽？

前兩年，我擔任台中市少輔會一系列親職教育講座的主談者，其中一個主題「為了贏在起跑點，爸媽我好累」，正是在談孩子們在這種「樣樣要比人強」環境氛圍下的壓力。那天在場的有家長代表、有孩子代表，還有輔導專業人員們，有趣的是，即使大部分的父母親都覺得自己並沒有給孩子課業壓力，大部分當過孩子的人，仍然都感覺到自己是被賦予期待的。

有些家長就當場喊冤啦：「我可沒有給孩子壓力，是他自己這樣的。」有些比較敢直言的孩子就在嘴裡咕噥地說：「明明就有。」

這一來、一回，兩代之間究竟是出了什麼問題？怎麼會製造出這麼多「覺得好累的好學生」呢？而這和孩子的「找藉口」，有關連嗎？

孩子可能這樣想

「滿足別人」和「滿足自己」之間的張力

研究人類內在陰影的心理學家，常常提到人類在「我們是誰」以及「我們想成為誰」之間的掙扎，這裡頭夾雜著許多善與惡、生與死、光明與黑暗的二元矛盾。許多時候，我們那麼渴望成為那個美好的自己，卻又很難一輩子管住內心深處蠢蠢欲動的叛逆心。這個隱藏在心底，不為人知的黑暗面，左右著我們的思維、感受和行動，在心理學中稱為「陰影」。

正因為「陰影」的存在，所以一個人不可能只有正向、也不可能永遠美好，隨著成長的歷程，人的心裡會逐漸浮現許多醜惡與不美好——而終其一生所盼，則是這內在的醜惡與不美好，能夠被周遭親近的人所看見與接納。這對人的內在所代表的意義，是讓那美好與不美好的自己，從分裂與互斥——到合而為一。這個過程，就是**人們找回自己的歷程**。

這個歷程，其實從年紀很小的孩子就開始了；從他們會哭鬧、會耍脾氣的年歲就開始了。所以，我們在專業工作裡，常常看到許多不快樂的「好學生」，他們最辛苦的地方就在於：別人都在花力氣整合與尋找自己，他們卻得要花力氣來隱藏某部分不美好的自己。這些孩子大部分都很會看父母的臉色，對別人的一舉一動也特別敏感。

而這些孩子，特別容易說「好的，可是……」因為他們一方面想要讓別人對他感到滿意，一方面又騙不了自己真正的需要。這「他人」和「自我」間的張力，就形成孩子會「找藉口」的最大原因了。

家長可以這樣做

看到孩子藉口背後的用意

要處理某個行為，最好的方法，總是要先看到這個行為背後的意義。**孩子找藉口，常常是**

希望父母不要對自己生氣，但有時說出自己真正的感受又不被接受，比被責罵還受傷，所以就變得越來越不敢想、不想說，甚至不知道怎麼說……「找藉口」的行為自然就發生了。當父母感覺到孩子在找藉口時，不妨先想一想：

- **孩子找藉口是「為什麼」**？：也就是孩子的「需要」。例如：孩子是否「不想彈鋼琴」？
- **我對孩子找藉口的「感覺是什麼」**？：也就是父母面對孩子需要的「反應」。例如，父母對孩子不想彈鋼琴會「感到失望」。
- **把「為什麼」和「感覺是什麼」組合起來，思考孩子在「怕什麼」**？：也就是孩子面對自己「需要」、與父母「反應」的「感受」。例如，孩子怕自己不彈鋼琴，父母就會失望。

當你想過這些問題後，就會發現，孩子「找藉口」的背後，其實存在許多善意——即使這些善意常常讓人很「愚蠢」，但他們卻是為了保全「我和你」，**保全「我們的關係」**。

✪ 發展出「等待」的「彈性」空間

孩子找藉口，其實還反映一項很重要的問題：孩子無法暢快地說出自己真心的想法。這可能是因為他們覺得：「說出來父母不會接受」、「說出來不會有好下場」，或者「說出來會讓人覺得失望」。這時候，我要邀請各位家長來想一想：其實，有時孩子做不到某些事，我們真的會很難接受、很難給出好臉色、很難不失望……但這些感受畢竟是我們大人的。孩子真正的感受是什麼？在他找藉口的那一刻，我們身為父母的其實已經略知一二了，有時是**自己不願去面對孩子「真正的心意」**而已。所以回過頭來，家長自己也需要在「孩子與我」之間，找到一個平衡點，並接受他不見得是我想像的樣子。於是我們就可以：

- **直接指出：**「寶貝，你是不是現在不想彈鋼琴？」
- **允許等待：**「寶貝，那等一下再彈好嗎？還是明天再彈？」
- **給予彈性：**「寶貝，你是不是覺得媽媽很希望你彈鋼琴？其實媽媽真的蠻喜歡你彈鋼琴的，可是如果你真的彈一陣子了，覺得不喜歡，你還是可以跟媽媽說，好嗎？」

這些不能說或做

- **不要太果斷地判定，孩子找藉口，就好像是永遠都不想做這件事：「你是不是根本不想彈鋼琴，不然不要學好了。」**（孩子需要時間去感受自己到底喜不喜歡、想不想要）

後記

看著欣欣三催四請，才說要彈鋼琴就肚子痛、上廁所，不然就肚子餓，好像對練習鋼琴一點興趣也沒有。媽媽忍不住把欣欣喚到身邊來。

「欣欣，肚子還痛嗎？」媽媽問。

「不痛了。」欣欣回答。

「欣欣，媽媽發現，每次要彈鋼琴，你就會肚子痛、肚子餓，肚子不舒服。你是不是沒有很想去彈鋼琴啊？」媽媽又問。

「嗯……」欣欣看著媽媽，不太敢說什麼樣子。

「沒關係，媽媽只是問妳，妳心裡想什麼就跟媽媽說啊！」媽媽鼓勵欣欣表達自己的感受。

「嗯……我只是覺得一直彈琴會很無聊。」欣欣小聲地說。

「妳不喜歡彈鋼琴嗎？」媽媽再問。

「嗯……我也不知道耶！」欣欣說。

媽媽站起來，帶欣欣帶鋼琴旁邊。

「來，你看媽媽彈。」媽媽的手在鋼琴上滑動，輕輕鬆鬆地彈了欣欣喜歡的「小蜜蜂」。

「哇，媽媽好棒喔！」欣欣拍拍手，很開心的樣子。

「媽媽以前學鋼琴的時候，跟妳一樣，有時候彈起來覺得很無聊。可是有的時候媽媽心情不好，就會自己跑來彈琴。那時媽媽就會覺得很開心，還好我以前有練習，所以我可以想彈就彈啦！」媽媽這麼告訴欣欣。

看欣欣非常專心聆聽的模樣，媽媽又繼續說：「媽媽讓妳學鋼琴，就是希望妳也可以快快樂樂地彈琴。可是每一件事情，要學會，都是需要練習的，只要妳有一點點喜歡，妳就要去試試看，但是如果妳真的不喜歡，妳就跟媽媽說：『媽媽，我不要學了。』我們可以去找其他妳喜歡的東西，好嗎？」

欣欣點點頭，說：「媽媽，我現在有點想要練鋼琴。」

「真的嗎？明天再練也可以喔！想練的時候再練。」媽媽說。這是一種「以退為進」的方法。

「我現在就想練。」欣欣很肯定地說。

那個晚上，欣欣自己彈琴，彈得很認真。

Part 3
暴走爸媽放輕鬆

如果可以，我們都想當快樂優雅、與孩子無話不談的父母。

但偏偏，生活著充斥著許多壓力，讓人不得不緊張焦慮，不由得想對孩子要求嚴厲。

因為，孩子是我們的寶貝啊！我們怎麼能不走在他前面，為他想好未來可能面臨的每一步呢？

直到有一天，孩子用他甜甜的聲音對我說了一句：「媽媽，笑笑。」

我才發現：原來，孩子始終在盼望我的微笑與快樂。

於是我了解到：孩子，為了讓你有美好的家庭回憶，我要開始學習——輕鬆面對你。

為什麼你對他比較好？面對手足競爭意識

佑佑兩歲的時候，個性十分好動，只要輕輕動動小指頭，就可以把媽媽電腦的鍵盤按鈕連根拔起。想要抱他一下，他就劈哩啪啦地撞上媽媽的額頭，抱都抱不住。

「ㄟ，不可以喔！」每當媽媽要制止他一些行為的時候，他就會看著媽媽笑。

「弟弟，你壞壞。」姐姐罵他的時候，他也看著大家笑。

連睡覺前，也要在大床上滾過來滾過去，直到睡著了，才抱得住他安靜的小臉。

欣欣六歲，個性十分敏感，看著媽媽抱弟弟睡覺、拍弟弟的背，眼眶就紅紅了⋯

「媽媽，妳為什麼對弟弟都那麼溫柔。」

真是冤枉啊！媽媽應該對欣欣比較溫柔才是，佑佑很皮耶！

「媽媽，妳都那麼愛弟弟。」

（寶貝欣欣啊！妳才最愛弟弟了，總是那麼小心翼翼地幫他換尿布呢！）

於是，媽媽只好抱著欣欣、哄她睡覺。最後，先睡著的是媽媽。

每個曾經有過兄弟姐妹的家長，一定最能了解：家裡頭不同排行的位置，彷彿天生是不同命。只是，手心也是肉、手背也是肉，等到自己成為父母時才會了解，要讓自己生的每個孩子都感到心理平衡，不會為了爭奪父母的愛而爭風吃醋——簡直是件不可能的事。

於是，面對手足競爭問題，並不是要把這個競爭感給「解除」，反而是**透過這個機會找到每個孩子的獨特性**。不同手足排行的不同「命格」，其實會帶給孩子不同的生命禮物。

孩子可能這樣想

又愛又恨是天性

談起手足競爭，很多家長可能有過類似的經驗：懷第二胎的時候，明明就已經按照教養書上說的，讓老大能摸摸肚子裡的弟弟或妹妹，幫他預備弟妹出生、自己要成為哥哥姐姐的心情，告訴他以後要相親相愛。孩子也好像都聽得懂，會跟肚子裡的弟弟或妹妹說話，摸到弟弟或妹妹在肚子裡滾來滾去時，會和爸爸媽媽一樣興奮……可是，當弟妹真的出生了，他們卻又纏著媽媽不能給弟弟妹妹餵奶、看到媽媽抱起小嬰兒就哭鬧生氣。

等到孩子大一點後，更奇怪的事情又發生了：幾個孩子間明明上一刻感情還不錯，下一刻又突然討厭對方，再也不要跟他好……這種種的跡象可能讓家長頭痛不已，到底該怎麼做才能讓這些同個娘胎生的寶貝能好好相處？

其實，遇到這種狀況，家長不用太擔心。以心理學的角度來看，儘管孩子們表面上對生育之事一無所知，他們仍然**對媽媽子宮裡孕育的嬰兒有潛意識的幻想**。因此，所有的小孩（包括年幼的小孩）都會對年幼及年長的兄弟姐妹產生妒忌感，但這種罪惡感又讓他們懷有罪疚感——因為「又愛又恨」，本就是人的天性——就連我們對另一半可能都如此。尤其是學齡前的孩子，重要的就是學習：**一個人身上，會同時有他「又愛又恨」的特質**。因此，有手足的孩子，反而比獨生子女有機會，更早去面對這些人際關係的複雜氛圍。

觀察孩子的「手足特質」

在心理學上，有些對於手足排行的研究。例如，排行老大者，可能有「愛管人」的特質、「愛照顧人」的特質；排行老么的，可能有「不喜歡人家管」的特質、「自由叛逆」的特質；排行中間的呢？可能就有最像小媳婦的特質，也最容易覺得不公平、不被愛。

了解這些特質，家長們不妨想想，孩子在出現手足競爭的時候，這些特質也可能特別容易成為那「壓垮駱駝的最後一根稻草」——因為，**有某種特質的孩子，通常也會希望別人這樣對待他**。比如說，一個老大有很「愛照顧人」的特質，所以當他看到大人照顧弟弟妹妹的時候，這種特質就很自然地被喚起，他心裡就會想，「你怎麼不是照顧我，是照顧他呢？」不知不覺就難過或發脾氣了。

家長可以這樣做

✪ 家長的態度：「情感」與「對錯」並重

因為「手足特質」的存在，我們可以了解，孩子有時在吃飛醋的時候，是因為看到別人擁有了自己想要的東西；而且這種「想要」，會隨著不同手足排行而所不同。但不管如何，這也告訴我們，在這樣手足競爭的意識中，孩子有兩個層面的反應需要考量：

- **第一是「情感」層面**：也就是在和手足的比較心下，覺得自己不如手足受重視，**「心情」受傷**。
- **第二是「是非」層面**：也就是在和手足的相處之下，**覺得對方「做錯了」**，希望父母站在自己這邊。

所以家長如果想解決這樣的狀況，不能只看「對錯」而不問「情感」。不然你就會看到，有些孩子被告誡後，明明知道自己錯了，卻還是嘟著個嘴，眼神還瞪著兄弟姐妹呢！

其實，光看孩子在與兄弟姊妹吃醋時，這老不講理的模樣，我們就可以了解，在手足之間，有時**激發他們對彼此的「情感」**，可能比像判官一樣「論對錯」來得有用。例如：

・**情感面**：先告訴孩子你知道他的需要，需要被理解了，才有空間思考。例如：「寶貝，媽媽知道你也想要媽媽抱抱。」

・**是非面**：引導孩子理解別人的需要，包括你的需要。例如：「寶貝，你看媽媽抱弟弟，弟弟是不是很重？那你剛剛一直吵，媽媽是不是會變得很辛苦呢？」

以大帶小，以責任心轉化競爭心

我一直覺得，生到第二胎以後，父母是會越來越輕鬆的——只要父母可以放手，讓大一點的孩子可以在弟妹的生活上有所幫忙。例如：老大看著媽媽在餵弟弟妹妹喝奶而吃醋，媽媽可以讓孩子幫點小忙——也許是幫忙拿拿奶瓶，或用小手巾幫弟弟妹妹擦嘴。就像孩子喜歡跟娃娃玩角色扮演一樣，**在這過程他們會產生與弟弟妹妹的情感連結**。

但要特別提到的是，年長的孩子雖然可以幫忙父母，**卻不代表他們天生就應該這麼做**。家長還是要了解，再怎麼樣有責任感、可以幫忙的孩子，終究**還是要像個孩子**，不要過早就變成「小大人」囉！

✪手足，不一定要走同一條路

雖然打同一個娘胎出來，但每個孩子絕對是獨特的。除非兩人的興趣真的相似，不然我們總會建議父母：**讓孩子學不同的才藝、不同的專長、走不同的路**（當然，還得是孩子喜歡的路）。

手足走不同的路，是因為他們需要有自己的舞台，而不會在同一條路上，大家因為他們是手足而做比較，或者把眼光放在表現亮眼的那一位身上（當然，如果爸媽運氣好，小孩表現一樣亮眼，那就另當別論）。

因為，我們都希望人家記得的是我們的名字，而不是「某某某的姐姐」、「某某某的弟弟」——對孩子來說，這才是靠自己的力量走出來的人生。

這些不能說或做

- **「你比較大，本來就應該要讓弟弟妹妹。」**（壓抑手足妒忌感，把手足排行變成「原罪」）
- **「你這樣很小氣ㄋㄟ，你跟他計較做什麼呢？」**（帶有批判意味，會讓孩子覺得自己的感受「錯了」）

父母無法阻止孩子對手足的又愛又恨，正如同無法阻止孩子對父母的又愛又恨。所以，**不批判、不壓抑，是幫助孩子整合愛恨的原則。**

我打人，但我不一定是錯的
調解手足衝突

同娘胎生的欣欣和佑佑，有著截然不同的個性。欣欣有耐心，卻伴隨著「有些嘮叨」的特質；佑佑十分開朗，卻伴隨著「你別管我」的性格。

於是家裡常常出現這樣的畫面……

姐：**「弟弟，來，姐姐教你。」**（佑佑專心聽了幾分鐘，開始動來動去。）

姐：**「你有沒有在聽啊？姐姐教你要專心聽啊！」**（佑佑坐著的屁股開始不安分的扭動，身體也開始左搖右晃。）

姐：**「你這樣不乖，你要……」**（佑佑終於忍無可忍，一手朝姐姐的臉揮打下去。）

姐：**「哇（斗大的淚珠滾落）～媽媽，弟弟打我。」**

很多事情，如果我們了解前因脈絡，通常就會做出和當下不同的反應。就像家裡的孩子們起爭執的時候，「被打的那個」常常在父母親心疼的優勢下占了上風，倒楣的就是「把人弄哭的那個」，硬生生成為淚水底下的犧牲品。

家長們，如果你有兄弟姐妹的話，想想和他們一起長大的我們，是如何在朝夕相處的「互相容忍」中走過來的？手足間雖然一同經歷共享的甜蜜與搶奪的狠勁，但如果可以，每個人都希望能和兄弟姐妹和睦共處。

只是為何，有些手足就是做不到呢？為何手足間就是會出現那麼多推陳出新的紛爭、令父母措手不及呢？

孩子可能這樣想

當人與人在一起，就是會比較

雖然許多人都排斥手足之間的競爭與比較，但這卻是一種難以避免的「接近性」原則——手足天天朝夕相處，比的也許不見得是課業長相，卻眼睜睜地將父母對待自己手足的方式看在眼裡。更重要的是，越年幼的小孩，**因為模仿力和判斷力的不成熟，容易「以偏概全」，放大父母對別人的好**，所以就常常拉大嗓門地說：

「媽媽，你怎麼給他。」（其實你前一刻才剛拿給另一個孩子）

「媽媽，為什麼你牽他的手。」（其實你一手拿東西，也只剩一隻手，只能顧比較會闖禍的那個）

可當他們過了那個比較的瞬間，又自己回復嬉鬧遊戲——父母對這種手足間的正常反應，有時真的聽聽就好，不用太在意；在教導過孩子是非原則後，除非他們吵到掀了屋頂，不然得要多**相信孩子們處理人際問題的自我能力**。

✪ 孩子比算命師還會看面相

「**沒事的孩子不會亂打人**」——「攻擊」對孩子來說，是一種遇到困難時的直覺反應。家長們，如果試著去坐在孩子面前、與他對看，你會發現，越年幼的孩子，他所展現出來的表情，會越貼近你這個大人內心真實的感受。因為，孩子對父母、對手足、對家庭的氣氛，不一定要聽到、看到，**光用心就能感受得到**。

也就是因為這樣的道理，我常常覺得，其實孩子比算命師還會看面相。**孩子們往往能敏銳地感受到你對他的心情**是喜愛、是嘲笑、還是生氣。即使你嘴巴未說，光心裡有這種感覺，孩子就用他的行為來加以反映。所以，有些孩子會出手攻擊別人，往往是因為他們感覺到環境裡的威脅性——而我們要做的，就是**幫助孩子去判斷這個威脅感的真實與否**。

家長可以這樣做

被打的那個，也需要知道自己問題在哪裡

孩子的世界單純，自然容易因為簡單的道德判斷而「得理不饒人」；所以有些吃了點虧的孩子，常常會哭得欲罷不能。這時，家長們不妨想想那句老話：「給孩子魚吃，不如教孩子如何釣魚。」此時也是同樣的道理：「**處理孩子被打的哭泣，不如教他學會保護自己。**」就像上述情中，那個充滿耐心、卻沒有選對時機念弟弟的欣欣，也總該學會：「寶貝，如果在你已經不想聽的時候，弟弟還要妳一直聽他說，妳是不是也會生氣？」

打人固然不對，被打的那個也可以找出問題——這就是我們在做家庭工作時最強調的「循環思考」：「A做了某件錯事，那到底是誰讓A做錯事？」在處理兩人之間的衝突時，我們看的是兩人之間的循環關係，而不是誰做的對、誰做的錯。

同娘胎生的孩子，不一定要一致對待

對於孩子間的競爭與衝突，家長常常會有一個壓力：要分配完美，將這手心和手背的肉顧得剛剛好。誰知道這卻造成自己的無奈和壓力——因為手心和手背、左手和右手，壓根就長得不一樣。

所以，家長們聽到手足競爭的抱怨，其實只要**以同理的態度回應**就好：「寶貝，我愛你，也愛弟弟。」、「寶貝，我知道你想要媽媽抱抱，可是你現在已經長得這麼高大，媽媽抱不動了，媽媽在你這麼小的時候也天天給你抱抱。」卻**不需要特別強調「我一樣愛你們」**——因為「愛」這種東西無法論斤計兩來衡量。更何況，父母也是人，即使偶有差別待遇很正常，只要心中自有一把尺，孩子就算嘴上抱怨、心裡還是懂得父母的愛。

最怕的是，家長一聽到孩子嚷著：「你不公平」，就聽往心裡去，引發自己怎麼也做不好的挫折心。

找出最能引發你敏感心的那個孩子

我自己在實務工作中發現，許多家長雖然了解處理手足紛爭的原則，卻還是常常困在手足大戰中感到挫折。

我試著用心理學的角度來解釋這個現象：也許，這是因為父母自己在原生家庭裡還未探索或處理完成的議題，會因為你所生的某個孩子，有特別像你的特質，而勾動了你過去的感受和經驗。所以，家長們，在處理手足紛爭之餘，別忘了好好體會自己對於孩子被打、被欺負時的心疼感受。

有時，在孩子身上，我們看到的是自己。

這些不能說或做

- **總是為了 A 孩子，而懲罰 B 孩子。**（衝突次數多了，應該讓孩子自己學習調節）
- **讓孩子覺得你是為了誰而罵他或懲罰他。**（應該是因為他做錯事，而不是為了誰）

手足衝突的最好結果，勢必是父母不用再介入、孩子就能自己解決。能解決得了家裡的手足衝突，**孩子就能解決社會上的人際衝突。**

你們為什麼對我那麼兇？
協助孩子理解大人的情緒

佑佑是三寶中唯一的一個男孩兒，個性非常好動，似乎總有用不完的活力。

這天，媽媽把佑佑從幼稚園帶回來後，三寶圍在一起吃飯。欣欣和安安都乖乖地自己動手吃，佑佑卻兩隻手在桌上拍來拍去，一邊鬧著欣欣和安安，媽媽怎麼講也講不聽。最後，佑佑乾脆動手把欣欣和安安的飯都打翻——飯菜整碟掉到桌下就罷了，佑佑居然還在掉滿飯菜的地板踩來踩去的……

「**佑佑，不可以。佑佑……**」媽媽今天在公司不太順利，回家後拖著疲累的身子準備了這頓晚餐，沒想到佑佑不按牌理出牌、將媽媽的努力給毀了。媽媽心裡抓狂極了，一邊告訴自己要息怒、好好地和孩子講道理，一邊看著佑佑那不知悔改的臉，心裡終於忍耐到極限。

「**啪啪！**」盛怒之下，媽媽氣沖沖地拿著棍子往佑佑的屁股打去。

「**哇……**」佑佑馬上大哭了起來。無辜的眼神一邊掉下整串的眼淚，一邊看著媽媽……

媽媽又氣、又心疼、又難過，心裡不禁想：我做錯了嗎？

不知道各位家長有沒有想過這個問題——小孩子，到底可不可以打？

坦白說，我自己生了老大後，也對這個問題感到非常困惑，還不斷去請教同行的意見。為什麼呢？我當然知道孩子不乖就要教訓，用講的講不聽，給予適當的懲罰又何妨？然而，在我自己教養孩子，以及在臨床工作的經驗中，我發現這個問題最困難的其實是：**父母如何只是因為孩子本身的行為而教訓他，而不是將自己的情緒投射到對孩子的教訓裡頭去。**

孩子可能這樣想

父母的情緒，傳遞給孩子一種「超我」的訊息

在心理學中，有一個概念叫作「超我」，指的是一種內在的道德判斷標準，也決定人們如何判斷是非對錯；一般來說，大約從**三歲之前就開始發展**。在這過程中，父母的一舉一動往往是孩子超我（也就是道德的我）的來源；所有的命令和禁止訊息都會透過超我，從父母傳遞到孩子身上、傳進孩子心坎兒裡。

因此，**父母親所訂的家庭規則：什麼可以做、什麼不能做——將引導孩子的價值觀**。

只是，在有些狀況下，某些孩子，你叫他、教他，卻叫不動、教不動，父母會覺得很無奈，覺得這個孩子講不聽。我們可以從中注意到，有許多時候是因為**父母在傳遞訊息的時候，沒有**

配上一致的聲音與反應。例如，有些父母在孩子不乖乖吃飯的時候，會用恐嚇的語氣說：「我數到3喔！你手再離開碗，我要打下去了喔！」可是當孩子數到3後，還是沒好好吃飯時，父母可能只是繼續大吼，而沒有真的打下去；或者是打下去的時候是配上惡狠狠的眼神，而不是帶有警告的堅定眼神。

前一種父母，孩子學到的是：他如果沒有乖乖聽話，父母就是在那邊吼叫而已，並不會真的被處罰；後一種父母，孩子則是被父母的情緒嚇到，而忘了這個情緒是因為他不聽話而來的。

重點不是「大人有情緒」，而是「大人如何處理情緒」

我們都希望盡可能地當個好父母——這定義可能是盡量讓孩子有好的未來，並且不要因為我和他的相處而造成他的創傷。我見過許多父母，在「成為好父母」的自我期許下，給自己非常大的壓力；倘若看到孩子哪裡不聽話，或似乎出現了某些問題，就開始回過頭來自我反省。

在這種狀況下，我們常常把父母的角色「神化」了：不能隨便發脾氣，和孩子相處要有活力，處理孩子的心情事務要親力親為……這在工作環境高壓的現代，即使是家庭主婦和家庭主夫，都很難做到讓自己的情緒如此穩定。

所以重點不是「大人不可以有情緒」，而是**「大人有情緒的時候如何處理」**。父母們不妨想想看，我們是人、孩子也是人，難道我們會希望自己的孩子，未來心情不好的時候，還要勉強自己和家人陪笑嗎？同樣的，孩子也捨不得我們如此——所以我們絕對可以對孩子發脾氣、甚至可以在孩子不乖的時候打孩子、罵孩子，但最重要的是，**你如何讓孩子理解這些行為對他的意義、以及你真正要教給他的是什麼**。

和一個會發脾氣的父母在一起，**如果孩子不清楚父母的情緒從何而來，可能會產生罪惡感、覺得是自己不好。但如果父母親在抒發情緒後，能夠和孩子討論、引導孩子表達，親子關係反而可能因為這些情緒而變得更真實。**

家長可以這樣做

✪ 檢視父母的迷思

父母親沒辦法真實表達自己的情緒，一方面是自己的人格特質較為壓抑、周圍缺乏關係的支持，或是出自怕情緒會影響孩子的罪惡感。因此，在處理孩子的情緒時，父母可以先檢視自己有沒有下列的迷思：

・**好父母不應該對孩子發脾氣？**換個角度想，父母需要包容與接受孩子的脾氣，當然也需要包容與接受自己的脾氣。

・**打小孩會造成孩子的創傷？**換個角度想，所有的處罰只要經過適當的解釋與討論，讓孩子知道為何而罰，又何妨？

・**父母的情緒應該自己學習克制與忍耐？**換個角度想，父母的情緒也需要他人的支持，一味克制忍耐只會促成突如其來的情緒爆發。

如果上述的迷思越多，可以預期你會是越容易忍耐、壓抑、給自己壓力大的父母。

✪是孩子讓我生氣？還是我想對孩子生氣？

當自己對孩子大發脾氣後，常常席捲而來的是**父母的罪惡感**。這時，不妨先檢視看看：剛剛的生氣，是因為孩子讓我生氣？還是我想對孩子生氣？

這兩者有什麼不同呢？「孩子讓我生氣」顯現的是，孩子的某些行為令你難以忍受；「我想對孩子生氣」顯現的則是，我自己的心情本來就不太好，更因孩子的舉動而被觸發。

我在這裡特別要關注的是「父母的心情不好，所以對孩子發脾氣」這件事。這在每個家庭都或多或少會發生——不管是脾氣再怎麼好的父母，在育兒的過程中都有機會遇到瀕臨崩潰的一天。倘若，你已經注意到自己的心情，影響了對孩子的方式，不妨嘗試下列的做法：

- **釐清事實：**在發脾氣後，把孩子叫過來，問他覺得剛剛發生什麼事？（通常在事件發生後三十分鐘內）
- **具體說明：**具體地告訴孩子，剛剛他哪些行為做錯了，所以惹你生氣。
- **表述自己的心情：**如果發現自己過度發作，適時告訴孩子，自己今天心情不太好，並依照孩子可以理解的狀況，讓他稍微知道你心情不好的原因。
- **促進孩子的同理心：**讓孩子想想他心情不好時會怎麼辦，理解父母親也有父母的難處和心情。
- **親子共同討論：**和孩子一起討論，如果之後心情不好，可以怎麼處理？其中包括，你需要孩子當時怎麼做？以及孩子需要你做些什麼？

這些不能說或做

- 對孩子發脾氣後，就陷入自我譴責。（孩子不但不知道你發脾氣的原因，還會覺得是他讓你不快樂）
- 生氣時勉強自己不要發作，還要繼續扮演好父母。（勉強的狀況，更容易因為一點小事而爆發）

你們有什麼事嗎？
協助孩子面對家庭衝突

爸爸和媽媽都是辛苦的上班族，大部分的時候兩人總是恩恩愛愛的。只是，工作壓力一大的時候，如果只有一人覺得疲憊，另一方還能噓寒問暖、關懷包容；倘若是兩人都工作繁忙、心情不佳，一點點小口角就可以引發軒然大波。

爸爸、媽媽之間的衝突，身為老大的欣欣是經歷最多的，慢慢地她居然變成家裡的「溝通專家」似的，出現這樣的狀況……

「**你講話幹嘛要這樣啊？**」房間裡，媽媽對爸爸口氣不佳的態度產生質疑。

「**我又怎麼了？我就是這樣啊！妳不用這樣過度激動吧！**」爸爸這幾天工作壓力很大，根本不想和媽媽討論這無聊的問題。

「**我過度激動？是你先開始的耶！你不要對人家講話那麼兇不就沒事了？**」媽媽心情也好不到哪裡去，想起一堆累積的工作就煩，聽到老公這種說話口氣更煩。

夫妻大戰，眼看一觸即發……

「**嘻嘻。**」房間的門突然輕輕被打開了，只見姐姐欣欣，領著弟弟佑佑、妹妹安安，探頭探腦地出現在房門口。

「**嘻嘻。你們有什麼事嗎？有什麼問題嗎？**」欣欣露出裝可愛的小臉，佑佑和安安在旁邊跟著念：「**有什麼事嗎？有什麼事嗎？**」

安安還跌跌撞撞地跑到爸爸身邊抱著爸爸的腿：「**爸爸～～**」

夫妻倆忍不住露出微笑。

卻只見欣欣馬上轉頭和弟弟、妹妹說：

「**沒事了、沒事了，他們還在笑，沒有吵架。走吧走吧！**」

三個小寶貝就像完成了什麼協調任務似的，又自顧自地走出去了。

家長們，如果你仔細觀察，會發現：「**做些什麼讓大家都好好的**」，是許多小小孩的本能。等孩子們長到青少年期呢？他們常常就懶得管你們這些大人想好、還是想吵了（雖然，很多看起來不在乎的青少年，心裡還是十分在意家庭氣氛）。

所以，許多心理學研究證實，**孩子出生之後，就對周遭的家庭氣氛非常敏感**——特別是重要他人之間的關係（尤其是爸爸和媽媽的關係，甚至還有媽媽和阿嬤的關係、阿公和阿嬤的關係等）。如果家庭裡的成員是能彼此溝通的，那麼就容易營造出開放、有情感交流的家庭氣氛；而無法溝通、把怒氣藏在心裡的家庭呢？則容易出現語言和行動上的不一致。比如說，心情不好的媽媽、雖然勉強自己對孩子擠出笑容，卻常用肢體動作來拒絕孩子的靠近——只是，這些真實的情緒，卻往往還是逃不過孩子的法眼。

孩子可能這樣想

爸媽吵架，是我的錯嗎？

人的「超我」運作機制，從還是小小孩的時候就開始發生。所謂的「超我」，在心理學中指的是一種人類內心判斷是非對錯的心理結構。比如說，一個因為打破花瓶而被處罰的小孩，下次再看到花瓶，可能會指著說：「不可以、不可以」——這是因為孩子們在生活的經驗中，**隨著做錯事情的後果與經驗，去建構內在的道德判斷標準**。

然而，在很多時候，**夫妻之間相處的矛盾，特別容易在有了孩子之後更加彰顯**。例如下面的這個情境：一對夫妻中，先生是很容易放鬆的、可是太太很容易緊張，所以在假日的時候，太太會希望一起把家裡打掃乾淨、先生則覺得假日就應該好好出去玩。沒想到，當夫妻倆還在討論這個問題的時候，他們的孩子剛好路過身邊，被地上的玩具絆倒了、哇哇大哭……太太心疼地過去把孩子抱起來，嘴裡可能就跟念著：「你看！我就說要打掃吧！去玩什麼啊！」先生可能覺得這是件小事，太太根本是藉題發揮，兩人就跟著越講越大聲……

這時孩子可能有幾個典型的反應：可能跟著哭得更大聲（內心感到焦慮），或者沒事地就轉頭去玩，再不然可能拉著媽媽要去旁邊玩耍……這些都是孩子在面對外在衝突時，最直接的反應。

只是，孩子心裡會有一個難以說出口的想法：**剛剛是不是我錯了？害爸爸媽媽吵架**。

爸媽吵架，會不會分開？

我在課堂與講座上和大學生及成年的父母討論家庭問題時，做過好幾次調查，結果發現許多成年人在童年時期都曾經「懷疑」或「擔心」自己的父母會因為吵架而離婚（當然，有些是真的離了）。特別的是，我遇過好幾次的經驗，都是大學生在課堂結束後，會哭著來跟我討論父母可能會離婚的問題——而他們往往已經擔心這個問題好長一段時間了。當孩子們卡在這種「父母是否離異」的問題裡，**心理上離不開家，外在反應卻可能是極端的「與父母更疏遠」**、**或「三天兩頭往家裡跑」**。

這種「父母離異、家庭破滅」的潛在恐懼，特別容易發生在父母吵架、卻不曾和孩子討論或解釋狀況的孩子身上。而這對孩子未來的影響，除了他們的人格特質外，還包括他們如何看待異性、親密關係，以及如何尋找未來的伴侶。比如說，一個雖然不喜歡爸爸大吼的女兒，卻可能不自覺在成長過程中認同，也習慣了爸爸大吼，未來也不自覺地找了一個聲音宏亮的另一半，進入可能大吼大叫的婚姻。

家長可以這樣做

不用特地隱瞞孩子家庭的衝突

很多的專家都提倡：大人不要在小孩面前吵架。我十分同意這一點，但也了解，有很多事情不是我們想、就能做得到的——特別是當夫妻明明有所摩擦了，卻還要在孩子面前裝沒事，或者以為太平地過去，就不會影響到小孩，殊不知**孩子在冷戰、冷漠的氣氛中，有時甚至比爭吵更來得受傷**。

那麼到底該怎麼辦呢？一般來說，我在工作上看到兩種常見的家庭：

・**父母相愛、但也容易爭吵**：這種夫妻很確定彼此的愛，卻常常因為磨合而吵架，失控時連在孩子面前也會吼叫。這種狀況特別需要在吵架過後，找孩子來問一問，在他的想法中，剛剛發生什麼？**和孩子澄清父母的相愛和吵架是可以並存的，並一起思考以後遇到衝突時可以怎麼辦？**

・**父母關係冷淡疏遠**：比起前一種，這種狀況對孩子的影響更大一些，因為當孩子感受到父

母親之間缺乏交流，就很容易混淆他們對親密關係的想像（原來夫妻之間是這麼冷漠的）。這種狀況特別需要和孩子解釋，**父母有自己的生活和想法，但不管怎樣，父母都很愛他。即使無法成為相愛的夫妻，起碼也成為可以合作的父母——但父母的快樂，對孩子而言比什麼都重要。**

依年齡決定討論深度的「具體法則」

和孩子討論家庭衝突的時機，用家庭和心理發展的觀點來看，大約是在三歲前後——孩子的語言發展能形成完整的句子，也代表他們的思維越來越複雜，可以開始聽懂與消化家庭裡的事件（兩歲以下的孩子，當然還是以盡量不目睹父母激烈爭吵為主，不然就是在爭吵後要盡快以肢體、聲音去安撫孩子）。

在討論的過程中，有幾個很簡單的原則，其中包括：

・**時間不要拖：**人的激動情緒，平均大約在三十分鐘後會自然調節、趨向緩和。因此，當大人心情較緩和後，**盡量在衝突事件發生後的三十分鐘內，和孩子討論**。

・**舉例要具體：**雖然是父母爭吵，但我們可以**用孩子更熟悉的經驗來和他解釋**（特別是六歲以下的孩子）。例如問孩子：「你有時候會不會生弟弟的氣啊！那你是不是會很想罵他？媽媽剛剛就是很生爸爸的氣，所以才會罵爸爸。可是你罵弟弟，還是很愛弟弟對不對？媽媽也一樣，雖然我們吵架，媽媽還是很愛爸爸、爸爸也很愛媽媽，我們也都愛你。」

所謂的衝突與爭吵，並非全無正向的功能；某些具有**建設性的爭吵**，可以讓夫妻和家人間更了解彼此。然而，倘若你發現存在你們家庭中的衝突並沒有讓關係更好，那麼為了孩子，就請讓這爭吵停止——因為身為父母，我們沒有人會想讓自己的一時之快，影響孩子的一輩子！

這些不能說或做

- **默默地讓衝突事件過去，以為孩子之後就會忘掉。**（孩子不容易忘，反而會為了照顧爸媽的心情而藏在心裡）
- **衝動下和孩子說：「你要跟爸爸、還是要跟媽媽。」**（孩子心理上有保全父母親位置的需要）
- **為了孩子維持表面和諧，有天卻突然和孩子說要離婚了。**（容易讓孩子失去對關係的信任感）

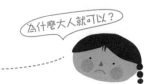

為什麼大人就可以？和孩子一起做自己

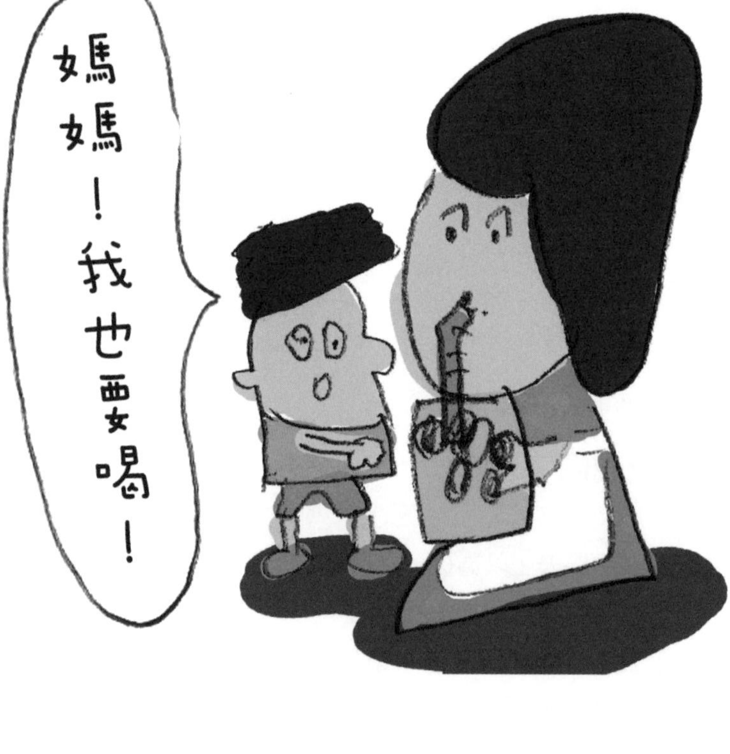

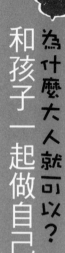

媽媽是個職業婦女，只要工作壓力大的時候，她就喜歡買上一包鹹酥雞和深海魷魚、外加一杯珍珠奶茶，然後轉到本土戲劇台，看那些可以讓人完全放空，就算缺了幾集都知道在演什麼的連續劇……多愜意啊！

自從陸續懷了三個寶貝後，媽媽為了要給胎兒健康的身體，開始戒掉不健康的飲食與生活習慣。只是，隨著三寶的活動力增加，媽媽總覺得不管上班、下班，都像在戰場上一些忙亂——每當煩躁的感覺一起，媽媽就特別想念鹹酥雞香脆的口感、珍珠奶茶的嚼勁、還有那老套到不行的連續劇。

這天，媽媽好不容易把三寶給哄睡了，悄悄拿出藏在公事包裡的鹹酥雞，跨過兒童平台轉到本土戲劇台——電視上正演到做盡壞事的A女演員被打巴掌、被車撞……

「媽媽，你在吃什麼？好香喔！」正當媽媽聚精會神時，耳邊傳來欣欣的聲音。媽媽轉頭一看，三個寶貝不知何時都起床了。

「媽媽，我也要吃這個。」最貪吃的佑佑，一隻手就要伸進鹹酥雞的袋裡。

「打打，打打……」安安指著電視，女演員A正被人一巴掌打下去。

媽媽嘴裡的一口魷魚還來不及吞下去，一邊要收起鹹酥雞、一邊要忙著轉台……天呀！有孩子後，媽媽連偶爾吃鹹酥雞的空間都沒有了嗎？

從很久以前，許多書籍、媒體，都提倡為人父母者「以身作則」的重要性。我看到許多父母親對「以身作則」的解讀是這樣的：不想讓孩子看電視，父母也跟著不看電視；不想讓孩子喝珍珠奶茶，父母也絕不在孩子面前喝珍珠奶茶……在這樣的狀況下，父母們難免有「養孩子後變得好不自由」的感觸。

其實，站在心理學的觀點，我較贊成「**能快樂做自己的父母，越能教出快樂做自己的孩子**」。當然，這當中有非常需要審慎評估的分寸與原則；但當父母能掙開「被孩子綁住的束縛感」，才是能放手讓孩子有「不被綁住的空間感」的前提。

孩子可能這樣想

✪ 孩子從沒想過限制父母的自由

我不知道各位家長聽到孩子問：「為什麼你可以，我不可以？」時，心中的想法和感受是什麼？一般來說，我聽到的反應大約有幾種：

第一，父母人很好，也覺得以身作則重要，所以既然孩子提出這個問題，那我們就一起不做這件事好了。

第二，父母想想，覺得孩子講的也有道理，但明明我是大人、他是小孩，我幹嘛要聽他的呢？所以跟他說「囝仔人，有耳無嘴」，照做就是了。

第三，父母覺得，孩子說的也對、自己想要做某些事也對，那就偷偷躲起來做，這樣一來，你過你的生活、我過我的日子，咱們誰也不犯誰。

這三種結果，可能分別帶來下列的心情：

- 第一種父母和小孩，一起沒了自由，而且犧牲得不明就理。
- 第二種父母有了自由，孩子卻有了委屈，想問不敢問。
- 第三種父母保全的孩子的心情，但心裡覺得受到束縛。

其實，依照發展的觀點，當兒童開始有語言表達能力時，他的認知思考能力也不斷向前邁進。所以**當孩子提出某些問題，那真的是因為他腦中在思考這件事，而不見得是在「吐槽」、或「質疑」父母**。但父母聽到孩子的提問時，很容易和自己當時的心情、以及對這件事情的想法交雜在一起，所以我們對孩子會有很多想像，但這往往不是孩子真實的樣子。例如，當孩子看到父母在看某些連續劇，而問：「為什麼你可以看，而我要進房間？」是孩子真的想了解這個狀況，而不見得是在質疑你。

孩子「真實自我」的形成，有待父母「真實自我」的回應

很多父母可能有類似的經驗，就是當孩子進入某個年齡後（通常是二至三歲之後），會特別愛講話——而且有時還講得語無倫次，如果你沒反應，他還會生氣。

這種狀況在大部分的時候，父母都會覺得很可愛，但是當父母親忙了一天、累得倒在床上，卻還要面對孩子這麼多問題時，心裡難免有些煩躁。

其實，孩子之所以叨叨不休，很多時候是他們**透過這種方式在思考、在促進大腦中更複雜的認知**（在心理學上，我們稱為「放聲思考法」）。當這種時候，我可以了解許多父母都知道、也期待自己能給孩子良好的回應，讓他們有父母親充分陪伴的美好童年。

當然，如果父母可以做得到：聆聽孩子的話、回應孩子的話——是處理孩子叨叨不休的最好方法。但如果父母身體不舒服、心情不佳，卻還要「勉強」自己擠出笑容，孩子卻也可以感受到這不是真誠且真實的回應。

這些**不夠真實、不符合心情的回應，事實上會讓孩子學到你硬撐的樣子**；某些進入學齡的孩子，可能還會反過來擔心你。在心理學上，我們稱這種為「虛偽」的反應（不是罵人的那個「虛偽」，而是和自己心裡不一致的「虛偽」）——這種**非自發性的反應，會壓抑孩子的創造性**，讓孩子變得比較容易看人臉色來決定自己的所作所為。雖然乖巧，你卻很難感覺得到他發自內心地快樂。

家長可以這樣做

學習拋開「母性的預設想法」

身為孩子的父母、身為孩子的親人，我們難免會有一種預設，去想像「孩子需要的是什麼」。比如說，當某個孩子出生後五個月就會說話，你可能會覺得他有語文方面的潛能，而想要讓他多聽一些語言的CD，結果不知不覺CD越買越多；或者，你覺得孩子不應該吃甜食，所以你就也跟著丟掉了家裡所有具有糖分的糕點，結果連自己想要偶爾吃點的時候，家裡的櫃子早就被清空了。

站在心理學的立場，我們把每個孩子都看成是「獨特的」。這個獨特不只是他潛能的獨特，也包括孩子有他們「獨特的」的需求和想法。例如，有些孩子自制力差，適合給他清楚的規矩和原則、或者讓他遠離對他不好的事物——然而，不代表每個孩子都是這樣。有些孩子是啟發式的、喜歡辯證思考的，他反而在理解為什麼某些東西對他不好後，即使他眼睛看到，他也自己會遠離這些東西。這就是為什麼，有些孩子只要教，他就可以拒絕陌生人給他的糖果。

所以，從這樣的觀點來看，我們**並不需要時時為孩子去預設、創造對他最好的生活環境；這只會減低他的抗壓能力，當他跨出家庭的保護傘後，無法面對外界的誘惑。**所以，我鼓勵父母，不用特地為了孩子丟掉你的珍珠奶茶和連續劇（除非你是為了自己的身心健康）——**孩子**

得要學習了解，當他長到父母那個年紀、有自己的經濟能力與生活，他必然也能選擇他自己所要的。但現在，**孩子們就是得要在父母的規定和原則下長大**（但這個規定要隨著孩子的年齡增長而加入討論與彈性）。

這就是心理學所提到的「家庭結構」——**為了孩子好，父母要對孩子有適當的束縛力**，他們才不會爬到大人頭上，變得為所欲為。

做「夠好的母親」，而非「完美的母親」

心理學上用「夠好的母親」這個名詞，來形容能拋開「母性預設」、注意孩子需要的父母（請注意，他不是用「完美的母親」來形容）。**一個夠好的母親，不單單會注意孩子的獨特性和需求，也注意自己的獨特和需求**——所以，我們不需要因為別人都辭掉工作帶小孩，就譴責自己的忙碌讓自己疏忽了孩子。所有的父母和孩子，都會在他們獨特的成長環境中，找出關係與內在的平衡點。

以上述的情境為例，實際做法包括：

- **正面回應孩子的所有問題：**「寶貝，這個叫做鹹酥雞。」、「寶貝，對，電視上那個女生被打了。」
- **建立明確的親子界線：**「寶貝，你看，媽媽現在是不是比你高？媽媽以前像你這麼小的時候，外公外婆也不會讓媽媽吃這個東西，因為這個會害你長不高、長得不健康，等你以後長大了，你再自己決定要不要吃這個，可是媽媽現在不能讓你吃，因為要保護你。」、「寶貝，電視上那個女生被打了，因為她做了很多壞事，媽媽現在很累，想好好休息，你也該睡覺了，所以媽媽沒辦法跟你講太多，等明天，媽媽再找你看得懂的電視給你看好嗎？」

不用擔心孩子對你建立的規則感到不平等、或發出抗議聲，所謂**民主式的父母、和孩子像朋友般地相處，指的並不是親子之間的「平等」**。事實上，如果年幼孩子和父母的權力一樣大，那世界就大亂了。

孩子的家庭權力是在他們具有自制與自我判斷能力後，隨著年齡增長慢慢釋放的。寧可趁著孩子年幼時、管嚴一點，趁著孩子十二歲前的人格形塑期，讓他知是非，也不要等到他成年後，讓他抱怨：「你以前為什麼對我那麼好，讓我沒辦法適應現實的世界！」

這些不能說或做

- 孩子不可以、大人也跟著不可以。（給孩子過大的家庭權力）
- 禁止孩子做某些事，卻沒清楚告訴他為什麼。（壓抑孩子的思考，容易引發孩子的叛逆性）

我好棒，你才會愛我嗎？面對孩子的棄養情結

每當爸爸、媽媽生氣的時候，佑佑就會出現很有趣的舉動。

除了對著父母裝可愛、扮鬼臉，還有一招必殺的絕招——露出無辜的眼神，右手輕輕地在自己的臉前面慢慢揮舞，嘴裡一邊輕聲地說：「**媽媽不要生氣，媽媽你不要生氣……**」

看到這樣的佑佑，常常讓人有再大的火氣也發不起來。

而每次看到這樣的表情，媽媽還會「噗嗤」一聲地笑出來，一邊摸著佑佑的頭：「**佑佑好可愛，佑佑好棒喔！**」然後忍不住把佑佑一把抱過來。

「**媽媽，那這樣你有很愛我嗎？**」被媽媽抱在懷裡，佑佑用甜甜的童音發問。

「**媽媽當然愛你啊！**」聽佑佑這麼問，媽媽愣了一下。

聽到媽媽說愛，佑佑又做出媽媽最喜歡的那個招牌動作：

「**媽媽不要生氣，媽媽你不要生氣～～嘻嘻。媽媽愛我。**」

這……佑佑居然連媽媽沒有生氣的時候，也用這必殺絕招來討媽媽歡心了。

不知道各位家長有沒有這樣的發現：家裡頭的小小孩，似乎總不知不覺地學會看大人臉色。於是，孩子鬧脾氣的時候顯得很「青番」，但有些時候又讓人覺得太過懂事了，好像做什麼事都為了引起大人的關心和喜愛——到底，這是種什麼樣的行為呢？

在心理學的研究中，我們發現孩子的成長歷程，會有種不顧一切要獲得關愛的情結——對於這樣的衝動，我們**不能帶著任何道德標準來加以批判，而應理解這是一種理所當然，並協助孩子去面對這種心情**，以免孩子過度在意別人的愛與眼光，而感到焦慮和痛苦，加強孩子的心理能力與平衡。

孩子可能這樣想

✪ 幼年期：信任感的起伏階段

母親對孩子的重要性，最早源自於哺乳和餵奶的階段——哺乳和餵奶時，除了滿足孩子口腔的刺激，還產生一個獨特的母嬰關係，讓嬰兒在喝奶的過程中，透過與母親的互動來獲得快感——信任感也因而建立了。

然而，孩子的世界是很起伏的。透過喝奶的順暢與否、身體的舒服與否，他們會決定世界是否美好、眼前這個人是否值得信任。所以我們會注意到，**某些孩子在喝奶時會啃噬媽媽的乳**

房，這是他們在排遣心裡頭負向情感的一種行為——倘若母親沒有因而離去，嬰兒便知道**這個人不管如何都會陪在這裡，心裡頭逐漸產生一種穩定感**。但在這穩定「逐步形成」的過程中，信任感是會起起伏伏，嬰幼兒也會一會兒開心、一會兒生氣。

越來越多媽媽知道親餵母乳的重要性，但這也導致許多奶水不夠、或無法配合的母親，有一種潛在的失落感，覺得自己不能給孩子好的成長環境。其實，餵母乳當然好，但這餵奶的過程，最重要的還是「母嬰互動」——因此，奶瓶必然要隨著母親出現（所以不管多麼忙碌，**盡量不要把孩子單獨放在床上自己喝奶瓶**），孩子才能對人有互動、有想像，然後從中建立信任的心情。

信任感決定棄養的想像

信任感不足的孩子，容易有「被棄養的想像」。所謂的信任感「不足」，和信任感「不穩定」不同，前者有明顯的信任感缺乏的表徵，後者則是幼年時期原本就會起起伏伏出現的「分離焦慮」。

那麼，怎麼樣判斷孩子信任感不足呢？可以透過下面的方法來做觀察：

- **孩子會黏在你身邊，只要你不在就大哭或大鬧，安撫也沒有用。（表示孩子可能不信任你會回到他身邊）**
- **你不在孩子身邊時，孩子會大哭大鬧，當你回到他身邊後，他卻若無其事。（表示孩子沒辦法表達真實的情感）**
- **你不在孩子身邊時，孩子會大哭大鬧，當你回到他身邊後，他會生氣地打你或踢你。（表示孩子用矛盾或反向的方式來處理他對你的情感）**

上述的這些指標，心理學上稱為「不安全的依附關係」。有些這樣的孩子也容易出現咬手指頭、咬奶嘴，或喜歡咬人的現象。要處理這樣的現象，並不是大家常做的去「阻止」孩子這個行為，而是從**增進孩子內在的安全感做起**。

家長可以這樣做

✪ 條件式的愛？還是無條件的愛？

大家可以想想，你的心裡有沒有這樣一個人：不管發生什麼事，在什麼時候或什麼情況，你都知道也相信，他會永遠在那裡支持你。

如果有這樣的一個人，你一定可以理解，被一個人這樣支持著，心裡會有一種深深的穩定感——心理學上稱這為「無條件的愛」。

很多人覺得「無條件的愛」是很難做到的一件事——對孩子來說更是如此。那是因為我們的成長過程，與太多的課業和外在表現綁在一起；當我們看到父母因自己的表現而露出滿意的笑容，我們實在很難判斷：父母是因為這個滿意而愛我們？還是即使沒有這樣的表現，他們也會對我們感到如此滿意？

所以，「無條件的愛」變得難以令人「感受到」與「體驗到」——即使有，也常常是瞬間的感受。那麼，對於還沒有太強的能力去思考「愛」的孩子來說，就需要父母以「**無條件愛的語言**」，**來幫他們建立信任感與自我肯定**。下列幾個作法提供給大家參考：

- **把人和行為分開**：「寶貝，你這樣做不對，媽媽很生氣，可是媽媽還是很愛你，所以媽媽希望你下次不要再這樣做了。」
- **肯定的語言對「人」，警告的語言對「事」**：「寶貝真的好棒，越來越自動自發了。」、「寶貝，你再這樣做會讓我很生氣，你在學校做這件事老師也會生氣的。」

✪ 確認、保證、捫心自問

如果孩子真的出現許多缺乏信任的行為，父母也不用太擔心——不管孩子幾歲，信任感都是可以建立的，只是年紀越大，可能需要花比較長的時間。而面對孩子缺乏信任的表現，可以參考下列的處理原則：

・**確認：**「寶貝，你是不是覺得，你要這樣做才會讓媽媽開心啊？」

・**保證：**「你這樣做媽媽真的覺得你很可愛、很開心，但是不管你有沒有這樣，媽媽都很愛你，因為你是媽媽的小寶貝啊！」

・**捫心自問：**「我是否在孩子做得好時表現得太開心了？或者是對孩子要求很多（不可以這樣、不可以那樣）？」

其實，所有的孩子，都真的不過是孩子而已。在大學的校園裡，我聽過許多孩子說，即使已經成年，他們都還在等父母說一句：「夠了，你已經夠棒了，不要再那麼努力了！」

這些不能說或做

- 孩子做了某些好事，就對著他又抱又親，說他好棒，但又沒解釋哪裡棒。（孩子不懂自己為何被稱讚）
- 孩子做了某些壞事，就威脅說要趕他出去，或說他怎麼那麼笨、不像自己生的——即使是開玩笑。（孩子會想像自己失去父母的愛）

爸爸媽媽，我不是故意學你的

面對自己在孩子身上的投射

媽媽打姐姐

姐姐打弟弟

在小安安出生前，爸爸、媽媽只有欣欣和佑佑兩個寶貝。平日忙著上班的爸爸、媽媽，雖然感情不錯，但在某些個性與堅持上還是大不相同。

這天，是連休三天的國定假日前一晚，爸爸、媽媽正在討論，明天放假的一家人，到底該做些什麼……

「**老婆，我們很久沒有大掃除了。這樣吧！明天我們帶著孩子一起，把家裡打掃乾淨好不好。**」爸爸說。

媽媽聽到這樣的建議，忍不住皺著眉頭說：「**平常上班已經很累了，明天我們應該要開車出去玩吧！**」

爸爸和媽媽就這樣你一言、我一語地說了起來。

「**你真的是只會想到玩耶！難得假日，我們應該要盡點家庭的責任。**」爸爸說。

「**我就是想要去玩，怎麼樣？我覺得你真的很不會過生活。**」媽媽被爸爸說得很委屈，心想昨天才找了幾個假日可以出遊的地點，老公卻沒有感受到自己的心意……

就在同時間，坐在父母腳邊的弟弟佑佑，突然搶過了姐姐欣欣手上的玩具。

只見當時才四歲的欣欣，也在那瞬間，反手搶回弟弟拿去的玩具，外加推了弟弟一把，嘴裡嚷著：「**你真的是只會想到玩耶！難得假日還搶人家玩具，討厭。**」

被推了一把、表情委屈的弟弟，哭了。

而一旁的媽媽，不知怎麼著，也跟著委屈地，哭了。

不知道大家有沒有過這樣的經驗：明明是你在跟家裡的某個人對話，時間一久卻發現，孩子也不知不覺地學著你的樣子講話。在教育的觀點，我們都以為這只是一種孩子單純的「模仿」；但站在深度心理學的觀點，我們是這樣看的：當夫妻生下一個孩子，這孩子往往蘊藏著父母親幻想層面的意義；**父母親幻想著自己的孩子會成為什麼樣子，而這幻想也反過來影響夫妻關係**，夫妻就這樣共同推動地、讓孩子不自覺朝父母的幻想前進。

換句話說，有時我們覺得某個孩子的樣子和表情，與父母越來越像——這不只是因為孩子在學我們，而是**我們也投射了自己的期待，讓孩子成為這個模樣**。

孩子可能這樣想

你不用說，我都知道

親子之間，一向有種不需言說的默契。有時我們會覺得很驕傲：孩子很貼心，總是知道我們要的是什麼。但從一方面來看，某些我們藏在心底，不希望孩子捲進來的負面情緒，孩子也可能感受得到，並讓這些感受成為他心裡對父母的想像。

也就是說，父母的情緒、期待、原生家庭，要完全不影響孩子，幾乎是一件不可能的事──而且，這個影響甚至不需要透過語言。

我不自覺，與你的情緒和需要連在一起

孩子會不自覺地吸納父母的情緒，成為自己的情緒──許多研究已經證實了這點──而且這種情緒的吸納，特別容易發生在兩個人之間關係緊張的時候。例如，當母親長期覺得自己不受到丈夫的關注，或者在婆家中遭受許多委屈，孩子就會不自覺地踏進來母親的世界裡，想要代替周圍那些沒能滿足母親的人，來照顧母親的需要。

在這樣的狀況下，我們可能看到一對關係越來越緊密的母子——等到父親赫然發現時，母子已經密不可分，而孩子可能也因為和母親太過靠近，而出現了某些行為上的問題（例如，沒辦法自己起床去上課）。

由此可見，**認識自己投射到孩子身上的心情、辨識孩子是否與自己產生過度緊密的關係，是父母要避免負面情緒傳遞到下一代的重要關鍵**。其中一個可以參考的指標是：孩子是否總是離不開誰？孩子是否特別容易受到誰的情緒影響？孩子是否總喜歡做些行為（例如，生病、搗蛋等），來分散父母的注意力？

家長可以這樣做

重新認識自己的婚姻：是否被父母角色給全然佔有，而少了夫妻角色？

心理學研究曾經提到：現今的夫妻所面臨的最大問題，往往是他們內心在傳統價值觀與現代價值觀之間的爭戰。也就是說，雖然我們現在所認知的妻子與丈夫角色，和古早時期所認知的妻子與丈夫角色，已經大不相同，我們仍然會有「自己的角色該如何扮演」的預期。

當夫妻沒辦法認同自己身上某些不符合於傳統性別的特質，就可能使關係中存在著某些隱晦的問題，夫妻會建立一種僵化、刻板的溝通模式。最常見的有幾種：

- 一方擔任有權力的控制者，另外一方扮演弱小的角色。
- 一個明明是聰明有智慧的女人，為了配合丈夫投射在她身上的好媽媽形象，會不自覺地努力避免自己工作能力的發揮和事業的發展。
- 一個本來情感豐富、才華洋溢、內心有點孩子氣的男人，為了配合妻子投射在他身上的好爸爸形象，不自覺地變得冷漠、理智、成天拼命賺錢。

這種婚姻是以犧牲自由、相互依賴，來保持家庭的穩定，但卻讓夫妻彼此的自主性、自由感與親密感都大為降低。因此我們會常常發現：有許多男人的擇偶標準是老婆會不會做菜（這是一種像嬰兒一樣，需要人家滿足口慾的需要），但又很難對這個如同老媽媽一般的妻子有親密行為（妻子的表現太像一個母親，而不像一個老婆）。

在這樣的關係中，夫妻往往無法把內心對對方的討厭、喜愛、親密甚至攻擊的衝動，用較有趣的方式表現出來，所以他們無法打情罵俏、失去情趣，也失去彼此角色互相協助的彈性。更重要的是，這種在**夫妻之間無法滿足的需要和衝動，就是導致我們會去綁住孩子、或在孩子身上滿足自己需求的最主要原因**。

因此，發現自己在家庭中，是否被「父母角色」給佔據了絕大部分，而讓「夫妻角色」少於生活的一半以上，將是我們協助孩子免於受到父母關係影響的第一步。

促進夫妻相互了解：你的特質從何而來？

夫妻有時會相看兩厭、彼此不對盤，有很多時候是因為「不懂對方為何會有如此的個性與堅持」。

事實上，我們都受到自己的父母親關係影響，形成長大後、存在心裡頭對夫妻的想像。當我們要進入婚姻的那一刻，往往把這個想像投射到另一半的身上。所以當我們定義「另一半應該要是什麼樣的人」的時候，那是因為**我們把自己內在的影子放到了他的身上**——而這可能阻礙我們接觸另一半真實的樣子，讓我們看不到他們真正的優點，並卡在「為何他是這樣、不是我想的那樣」的執著上。

所以，當在婚姻中，感到痛苦、生氣、難過的時候，常常是因為我們接觸到自己的影子——但有趣的是，因為這些接觸的存在，夫妻才有機會透過磨合的痛苦，來認識彼此真實的樣子；也才有機會透過自我覺察、彼此了解，來形成支持性的關係。

✪建立父母角色與夫妻角色的界限

同時經營婚姻關係與親子關係，這些期待與幻想難免彼此交雜。如果孩子能符合他們父母的幻想，這對夫妻的生活可能會過得容易一些。但父母更要去辨識：有沒有哪些另一半沒能滿足我的地方，孩子不知不覺地去填補那空虛的一角。

在父母和夫妻角色間建立界線，你會發現，無法當很成功的夫妻時，我們仍在學習當合作的父母。

這些不能說或做

- **看孩子出現與大人相仿的舉動，就開始數落另一半給孩子帶來壞榜樣。**（孩子的行為是提醒我們去檢視家庭關係，而非製造更多衝突）

他們在做什麼？

孩子好奇，父母難以啟齒的話題

某個週六，爸爸媽媽帶三寶到動物園去玩。

全家人走進了「可愛動物區」，裡頭養著一窩一窩的兔子，可愛的模樣吸引了好多小朋友。爸爸媽媽帶著三寶，只能擠在人群後面，不斷聽到前面的小朋友喊著：「**哇！好可愛喔！**」卻怎麼也看不清楚。

好不容易人群的散開了，正在爸爸、媽媽和三寶擠到兔籠前的第一排，搶到最佳視野時，籠子裡那隻最美麗的獅子兔，正拋開牠嘴裡的一塊紅蘿蔔，迅速地壓上牠身旁的另一隻獅子兔……

只見兔子英氣十足地頂著下半身，往身下的兔子身上抖動邁進。

「**媽媽，牠們在做什麼啊？**」看到這一幕，年紀最大的欣欣馬上轉頭問。

「**媽媽，牠們在做什麼？**」佑佑也馬上跟著姊姊問。

「**做什麼？做什麼？做什麼？**」安安也跟著唸唸唸。

奇怪，剛剛這「可愛動物區」人還一大堆，這麼經典的畫面，卻只剩下爸爸媽媽和三寶一家人獨賞，並留下一臉尷尬的爸爸媽媽和三寶此起彼落的「**做什麼？做什麼？做什麼？**」的童音……

跟「性教育」有關的話題，一向是讓孩子感到好奇，卻讓父母難以啟齒的話題。光是「我是從哪裡來的？」這個問題，就可能考倒一片父母，恨不得丟給童書去解釋。

在心理學中，認為兒童天生的好奇和衝動，與「性議題」是很有關連的（演化心理學來看，「性」不就是一種人類求生的本能而已）。如果兒童天生的好奇與衝動，在他們企圖詢問未知事物時受到阻礙，那麼他們對事物的深度探索也會受到壓抑，進一步傷害到他們未來的求知衝動與思考廣度——可見，像這樣的問題，父母可以難以啟齒，卻不能不去面對。

孩子可能這樣想

父母的難以啟齒，可能形成孩子探索的困境

前陣子，我在報紙上看到一篇專欄，內容在探討小學裡頭常常練習的一個活動：「爬竿」。不知道家長們對這個活動有沒有印象——這是一根細細長長的鐵竿子，從前體育老師總會要求我們從鐵竿子下端往上攀爬，然後再從頂上滑下來。這篇報導就是在描述這個「爬竿」，其實是很多人童年時期「性快感」的來源。

這個文章絕非誇大，我在工作中，的確聽過許多成年人的童年，是靠「爬竿」來創造性興奮的。許多人提起這段往事，都用「怪異」來形容當年的自己——也就是說，當我們的孩子到

了性發展階段（三至六歲是發展上的第一次性發展期），他們都可能在這些無意的「嘗試」中，發現自己內在的性衝動（有些女孩是從洗澡的「蓮蓬頭水柱」中發現的）。這些感覺可能讓孩子們覺得很奇怪、很好奇、很害羞……然後他們可能「嘗試著」透過父母、朋友、書籍，去了解自己這種感受是什麼？在心理學上，將這看做「**求知來源的動力**」——倘若父母面對孩子「自然的求知」，時常支支吾吾、難以啟齒，可能會讓孩子對自己的問題感到困惑，讓孩子們在自然的探索上產生困難。

難以理解的衝動，可能形成應受譴責的衝動

除了支支吾吾、難以啟齒的父母，還有些父母其實是排斥、或是想要封鎖孩子了解和「性」相關的訊息的。

前幾年，教育政策欲將性教育下放至小學，我接受幾個學校的邀請，去談學校性教育的議題，就有許多老師認為小學的孩子年齡太小，不適合「過早」接觸相關的知識。

然而，每個孩子在既定的發展範圍中，都有他們獨特的發展方式。有些孩子心智成熟度已促成他們產生這些衝動與探索，沒有大人的引導，他們肯定對此感到困惑（最糟的是胡亂在網路上探索或想像）。

特別當大人的態度不只是難以啟齒，而是釋放出「禁止」、或是「不希望他們再問」的訊息時，孩子可能會產生一種「我問了不好的問題」、「我有不對的想法」的心態，對發展中的孩子來講，這反而可能造成自我壓抑與譴責——明明很想知道、又很氣自己想知道。孩子的自我要求反而越來越高。

家長可以這樣做

檢視自己的難以啟齒

到底該什麼狀況、什麼時機、什麼年紀，去和孩子談這些難以啟齒的話題？我想很難有人能提出一個既定的準則。但可以提醒的是，孩子從三歲開始，就進入性別的發展階段，對於男孩女孩、兩性身體的差異有基本的好奇和理解（事實上，有許多小男孩，在母親換衣服的時候，還會伸手去抓媽媽的乳頭呢——即使對阿嬤也如此），也常常對電視上某些情愛之事提出發問。說實在的，現在的節目動不動就有脫衣服和親親，街頭上也常上演真人秀，哪有可能讓孩子都看不到、不發問呢？

所以，如果身為父母，你心裡有一點、也許就那麼一點點，對孩子所見、所聞、所問感到難以啟齒，真的要先回去想一想：為什麼會這樣？其中包括：

・**我父母是怎麼教我的？**如果我問了孩子問的問題，我自己的父母會如何回應我？這些回應會如何影響我的回應？

・**我和另一半對這些議題的看法一致嗎？**我和另一半是否談過如何回應孩子的這些問題？我們在孩子面前是否會有親密舉動（例如，擁抱、親嘴）？孩子對這些的反應是什麼？我是否會想要避免在孩子面前與另一半有親密舉動？

另外，還有些父母提到對性與親密問題回應的困難，是因為許多孩子在看到父母擁抱時會出現這樣的反應：想辦法把父母隔開、或者發脾氣。但從心理學的角度來看，這些反應都是心理發展中正常的現象，因為孩子在愛父母的過程當中，本就可能和同性的父母產生一種類似競爭的關係。但是，如果孩子們看到母親愛父親、父親愛母親，**這種競爭會轉化成一種認同，幫助他們在性別上的自我發展**。

回應原則：准許、樂意、自由、堅定

當父母理解自己的難以啟齒，將有助於促進自己以較坦然的態度去面對孩子可能出給你的各種難題。

因此，心理學裡頭特別提到的教養原則之一，便是**准許孩子問任何問題，並且樂意回答孩子的問題**，而且在回應孩子時，**以自然、自由的態度**，同時也給孩子具有愛卻又堅定的指引——當然，同時最重要的是使用**符合孩子年齡層的語言**。拿上述的情境來說，提供一些說法給家長們參考：

・**准許**：「這麼好奇啊！以前沒看過對不對？」（**摸摸孩子的頭**）

・**樂意**：「還有什麼問題呢？」（**允許孩子再繼續問問題**）

・**自由**：「他們現在在生小兔子。」（**因為孩子聽不懂「做愛」，但是知道「生育」這件事**）。

・**堅定**：（如果孩子又繼續問：「那我也是這樣被生出來的嗎？」）「對呀！小兔子這樣生小兔子，爸爸媽媽也會這樣生你啊！可是你看，那個兔子是不是比較大，所以小兔子也要等到像大兔子的時候才能生小兔子，你也要長到像爸爸媽媽這麼大才能生小baby呀！」（**把自己的教育原則加進去**）

如果你覺得孩子聽得還不夠懂的話，現在市面上都有許多和生育、性教育相關的繪本，不妨孩子問問題的這一兩天，就趕緊挑一本回來，好好地和孩子討論一下囉！

性的教導不會讓孩子太早熟，反而會讓父母陪伴孩子走過這段最重要的路。

這些不能說或做

- 「唉唷！你不要看啦！小孩子不懂。」（壓抑孩子的求知衝動）
- 「問這做什麼？你很無聊耶！」（譴責孩子的求知衝動）

我要跟阿嬤睡覺！

面對從隔代教養回到家庭的孩子

欣欣剛出生的時候，媽媽是邊上班、邊請台北的保母幫忙帶她。欣欣兩歲的時候，媽媽肚子裡有了佑佑，加上工作壓力龐大，就商請住在南部的阿嬤二十四小時看顧欣欣，爸爸、媽媽假日有空閒時，才會回去看她。

欣欣這樣讓阿公、阿嬤帶了一年，等到媽媽生下小弟弟，又把欣欣接回了台北。那時，欣欣已經三歲了。

回台北家的第一天，阿嬤怕欣欣無法適應台北，背著行李「隨孫北上」，當晚，就發生這樣的事……

「**欣欣，睡覺囉！明天要上學囉！**」

一直到快睡覺了，欣欣還黏著阿嬤玩，媽媽看時間不早了，催促地說。

「**我要跟阿嬤睡覺。**」欣欣正眼也不看媽媽，抱著阿嬤說。

「**阿嬤也要睡覺了，今天跟媽媽睡。**」媽媽說。

「**我不要！我不要媽媽！**」欣欣說。

「**今天開始你要跟媽媽睡覺。**」媽媽看欣欣的反應，心裡不由得一把火：妳剛出生時老娘可是自己帶你，這一年也是動不動就回南部去看妳，怎麼，才離開一年就變這樣了？

「**我不要、我不要。**」欣欣聽媽媽這樣一說，抱著阿嬤的手更緊了。

「**唰**」的一聲，媽媽把欣欣從阿嬤手裡抱開，抱進房間裡去。

欣欣兩隻腳踢啊踢啊，嘴巴大聲地哭喊：

「**哇啊～～～我要阿嬤，我不要媽媽，我要阿嬤……**」

關上房間的門，媽媽心都碎了。當初把孩子送走，到底對還不對？

上班族媽媽生小孩，產假兩個月。產假中，可以盡情地和寶寶相處，但產假過後，卻有許多父母面臨：到底要帶在身邊、白天托保母帶？還是請公婆、爸媽幫忙，但可能要分隔兩地，或是忍受孩子可能跟阿公阿嬤比較親？

這是許多家庭的問題，也常常導致媽媽們產生罪惡感，痛恨自己怎麼不能辭掉工作回家帶小孩？協調不來的時候，還可能鬧出夫妻革命。即使順利請阿公阿嬤幫忙帶小孩了，卻又面臨「到底該幾歲帶回來？」「帶得回來嗎？」的窘境。

孩子可能這樣想

兩歲以前，有人愛就好

在年幼孩子的心裡，只要他感受得到愛，他們並不會太在乎這個愛來自哪裡。

這段話聽起來很無情，可能讓許多父母感到心碎。但從心理學的角度來看，當孩子經歷一些「**正常的剝奪**」，他們也從這種剝奪中學習適應——這就是為什麼。有些孩子雖然出生就沒了父母，他們卻還是有很大的機會可以健康、快樂地長大。更何況，大部分的隔代教養家庭，父母往往不會放著孩子不管，仍然時常回去看顧孩子——此時，只要父母能忍受得了「孩子有比你更親近的人」，以及「孩子好像要被人搶走了」的失落感，孩子的心理發展並不會因此而受到多大的影響，更不可能因為隔代教養就不認自己的父母親。

家庭是一個「愛的整體」，而不是切割的「個人單元」

孩子的成長是這樣的：當孩子從母親那裡獲得充分的愛（若母親因故無法勝任時，就是某位從出生後養育孩子的主要照顧者），並且獲得母親的授權去和其他家人建立關係，這個孩子就開始擁有愛所有家人，並把愛延伸至鄰居、同儕的能力。

也就是說，**一個有「愛人」能力的孩子，是會把家庭當成「一個整體」來愛，而非占有式地只愛著某個人**。所以，一個有能力愛阿公阿嬤的孩子，只要阿公阿嬤願意協助，他們絕對有辦法愛爸爸媽媽；反之，一個有能力愛爸爸媽媽的孩子，也一定能夠愛阿公阿嬤。

除非，有人阻止或禁止他去愛。

家長可以這樣做

三歲前回歸原生家庭，適應期較短

從兒童的心理發展來看，我可以肯定地說：許多父母對於隔代教養的擔心和想像實在是多餘的。但站在心理學的角度，我比較贊成父母在三歲左右，就要把孩子帶回家庭中養育。

為什麼會有這樣的切分點呢？大家想想看，孩子在零至一歲是培養信任感的階段，如果阿公阿嬤能提供孩子較穩定的照顧（孩子不用跑來跑去，一天到晚換照顧者），對孩子也是個不錯的環境。其他教養方式的差異，只要父母願意睜一隻眼、閉一隻眼，都可以協調、衝突也都會過去。拿「老人家餵孩子吃香灰」這件事來說好了，搞不好你的另一半或你自己，都是這樣吃香灰長大的，也沒怎樣啊！我們何苦在老人家順利平安養大我們後，去挑剔他們怎麼帶孫子呢？

一至三歲這段時期，則是孩子開始產生負面情緒的階段——他們需要**穩定、有耐性，而且具有包容力的照顧者，才能學習調適自己的負面心情**。阿公阿嬤因為工作壓力較低，情緒性格上可能較為穩定，自然可以扮演這個角色。當然，很多父母親擔心的「太寵」這件事，除了需要跟阿公阿嬤溝通外，在孩子與自己相處時，仍然可以用「父母」的角色來界定規則（這就是為什麼，有些孩子在父母面前是一種樣子，在阿公阿嬤面前是另一種樣子，但這真的無妨）。

然而，三歲以上的孩子，語言能力發展增強、思考能力也提升了，三至六歲更是**需要建立性別楷模、建立自我角色的階段**，如果在這之前帶回父母身邊，父母就可能不用花太多的時間來和孩子建立關係（因為孩子還懵懵懂懂）；而且能由父母教導孩子規矩與人際互動的原則，也較符合未來孩子要長期生存的家庭場域。

✪建立孩子與「不在身邊那位照顧者」的連結

不管孩子是在阿公阿嬤身邊，還是回到父母身邊——**建立孩子與「不在身邊那位照顧者」的連結是很重要的**。因為換個角度來思考，當我們是不在孩子身邊那位時，一定特別想聽到孩子的聲音、希望被孩子想念著。所以，不妨讓孩子和遠處的那位照顧者定期通電話，帶張對方的照片在身邊，讓孩子看照片、學認人。當爸爸媽媽和阿公阿嬤都有這樣、願意與對方分享孩子的愛的心情，孩子和每個家人的關係都會十分良好。

孩子的心是很廣大的，不會因為愛了某個家人，就減少對其他家人的愛；相反的，能好好的愛某個家人，也讓他們更有能力好好愛其他家人。而**心裡越多愛、關係越充足穩定的孩子，將有助於他們對未來世界的探索與冒險。**

這些不能說或做

- **問孩子「你比較愛媽媽，還是比較愛阿嬤」這種問題。**（讓孩子有選邊站的焦慮感，也可能因此學會「見什麼樣的人、就說什麼樣的話」）
- **當孩子在想念遠方的家人時，表現出禁止或生氣。**（讓孩子產生心理矛盾，好像愛了誰，就背叛了另一個人）

後記

關上房間的門，欣欣繼續哭。

媽媽的心裡難過，也跟著流眼淚，大聲地對欣欣說：「**媽媽知道你很難過，可是從今天開始，沒有阿嬤陪你睡覺，只有媽媽陪你。**」

欣欣聽了，大哭大叫更嚴重了：「**我不要我不要，我不要媽媽，我要阿嬤。**」

媽媽知道門外的阿嬤一定也聽到了這哭聲，於是鎖上房門，不希望阿嬤不忍孫子的哭泣而推門進來，那麼這「回歸」的一刻就毀了。

「**以後阿嬤不會住這裡，這裡是爸爸媽媽的家，也是你家，沒有阿嬤陪你，但媽媽會陪你。**」媽媽又說。

「**我不要我不要，我不要媽媽，我要阿嬤。**」欣欣繼續哭鬧，外加踢腳與踹床。

「**你這樣也沒有用，以後就是媽媽陪你，哭也沒有用。**」媽媽硬下心腸，堅定地說——眼淚卻忍不住流著。

母女倆就這樣一來、一往，一句「**我不要**」，一句「**就是這樣**」，直到母女倆都累了，欣欣的哭鬧聲轉為啜泣聲。

「媽媽知道你想阿嬤，媽媽抱抱好嗎？」看欣欣逐漸平靜下來，媽媽做出邀請。

欣欣點點頭。

媽媽把欣欣抱進懷裡，一邊拍著她的背，一邊說：**「乖，乖，欣欣乖，媽媽愛你，媽媽陪你。」**

只見那剛滿三歲的欣欣，在媽媽的懷裡，眼睛開始逐漸閉上，嘴裡卻細聲地嚷著：**「以後沒有阿嬤睡覺，可是媽媽陪我、媽媽愛我……」**

唸著唸著，欣欣睡著了。

Part 4
幫孩子心情穩定上學去

不管多麼捨不得，孩子終究會離開父母的羽翼，自己去經歷事與願違的挫折、人與人關係的衝撞……

對孩子來說，很辛苦，是吧？
對一旁看著的父母來說，也很辛苦，對吧？

孩子的辛苦，是因為這些挫折他們不熟悉；父母的辛苦，是因為這些挫折我們不能替孩子承受。

但父母可以做的，其實還很多。父母可以聆聽、可以支持，可以和孩子辯證、啟發他對事物不同角度的思考……

因為，父母和孩子相處的方式，往往影響他未來成為什麼樣的人。

我不認識他，我不要打招呼
面對孩子的陌生人情結

欣欣三歲的時候，剛從阿公阿嬤家回到爸爸媽媽身邊，但是個性變得有些古怪，尤其面對陌生人的時候，總是不願正眼直視人家，也不願和人打招呼。某天，爸爸的同事結婚，請欣欣當花童，卻出現這樣的狀況……

「欣欣，等一下會有叔叔、阿姨，那些都是爸爸的朋友，都是好人，你等一下看到他們要打招呼喔！」在前往試穿禮服的路上，媽媽這樣叮嚀欣欣。

「為什麼？我又不認識他們，我不要。」欣欣說。

「欣欣，那些都是爸爸認識的人啊，你不用害怕，而且他們都很喜歡你，所以你要勇敢跟他們說：『叔叔阿姨好。』如果你聽話跟大家打招呼，媽媽再給你蓋好寶寶印章好不好？」媽媽又繼續叮嚀欣欣。

欣欣勉強地點點頭。

沒想到，到了目的地之後，欣欣一下車，就低著頭。

「欣欣，叫叔叔阿姨。」媽媽說。

欣欣低著頭，沒反應。

「欣欣，媽媽不是跟你說好了嗎？」看欣欣這樣的表現，媽媽忍不住蹲到她耳邊。

「哈哈，沒關係啦！都第一次見面嘛！不用不用。」同事在旁邊趕緊打圓場。

誰知，在試穿禮服的時候，另一個當花童的小女生穿得興高采烈，人家父母在旁邊拼命拍照；而欣欣卻又鬧起彆扭，穿著禮服，卻板著一張臉。

「你不要給我這樣喔！你回去你就知道了你。」媽媽再也忍不住了，心裡超想狠狠地偷捏欣欣一把。

欣欣看到媽媽這樣的臉孔，當著眾人的面，眼淚撲簌簌地流下來。

「天啊！丟臉極了。」媽媽心想。

孩子可能這樣想

面對孩子不願意和陌生人打招呼——我想許多家長都能夠理解、卻又無法諒解這樣的狀況。我們可以理解孩子面對陌生人時，他們幼小心靈不見得可以接受，以致孩子常無法達成大人希望他們「態度大方」的要求；但當孩子真的在親朋好友面前，連話都不敢講時（特別是旁邊有別的活潑大方孩子當「對照組」時），父母的心情實在會又急又氣——不知道孩子為何要這樣？也不知自己可以如何幫得上他。

對陌生人的友善衝動，反映孩子和母親（主要照顧者）的關係

面對這樣的狀況，心理學的其中一個解釋是：孩子和母親的關係越平淡（沒有太多正向情感交流，像擁抱、身子貼在一起說心事），對陌生人所表現出的友善衝動便越少。也就是說，**母親如果越是管著孩子、越少帶孩子去探索與冒險，孩子對陌生人就不會有太多的「友善衝動」**——而所謂的「友善衝動」，就是和陌生人示好、與陌生人建立關係的心情。

所以你可能會發現，那些很乖巧柔順的孩子，在陌生人面前可能會表現出「你叫他做什麼、他就做什麼」，卻很難主動跨出建立關係的腳步——這種孩子，我們可以說他「太乖了」。因為，一個**真正有安全感的孩子，在父母的面前，應該感到安心、而且願意和人建立關係**。除非父母不在身邊，不然孩子不會有太多的防禦性反應。

無法排遣愛恨交織感的孩子，越容易對陌生人感到害怕與憎恨

面對防禦性強、對陌生人明顯感到害怕、甚至感到排斥的孩子——心理學上的另一個解釋是：**這些孩子可能充滿愛恨交織感而無法排除**。為什麼會這樣呢？因為年幼的孩子，存在他們心裡的內在公式是：我就是母親、母親就是我——那麼，當母親不在的時候，我不就也跟著消失了嗎？這是一件多麼讓人感到焦慮的事啊！孩子一方面仰賴母親衣食、一方面又要忍受被母

親拋棄的沮喪感，心情感受自然起起伏伏、愛恨交織了。所以，我們會發現，許多小小孩都喜歡玩躲貓貓的遊戲，或者很喜歡大人用手把臉遮起來、然後把手打開後，又神奇地重新看到大人的臉——這就表示，孩子透過把「重要他人不在的感覺」轉化成一種遊戲，來應對這種沮喪感。

因此，心理學家認為，「對陌生人感到害怕」的反應，也可能是孩子內心焦慮和負向情感的轉移——孩子對主要照顧者的愛恨交織感無法表達和排除時，就忍不住在面對陌生人（特別是父母親的朋友時）的情境下抒發出那些無法排除的感受。

這種行為舉動，免除了孩子們「不用直接攻擊父母的焦慮感」，卻保全了孩子們「對父母的報復快感」。父母在當下的情境可能會覺得生氣、不解（因為莫名其妙被孩子報復了），但卻是一個很好的機會去發現：也許孩子有什麼需要我們關注的地方。

家長可以這樣做

✪ 檢核：孩子的焦慮源在哪裡？

像上述的這些狀況，心理學上稱為「**孩子與父母和解的危機**」，大約會從十八至二十四個月的孩子身上開始出現。此時的孩子正處在「自主性」與「父母會離開身邊」的衝突焦慮中，他們的想法和慾望會變得遲疑不定——心情好的時候和陌生人打招呼、心情不好的時候又不肯（難怪很多陌生人面對這樣的情境時，都會幫父母解圍說：啊！他還沒睡飽啦！）。如果你發現孩子出現這樣的狀況，可以思考下列的問題：

- 我什麼時候會讓孩子感覺我不在他身邊？（即使你都一直和孩子住在一起，是否常常人在、心不在？）
- 當孩子因我不在身邊而鬧脾氣時，我都如何處理？
- 如果我真的曾經有一段時間沒有自己帶孩子，我是否思考過與孩子的關係補償策略？
- 當我不在孩子身邊時，孩子是否發展出自我補償的策略（例如，抱著毯子、吸手指）？而我如何應對他這些自我補償策略？

曾經有一個母親告訴我，在她兒子三歲時，會用自己的嘴唇和手指在一些物品上來回磨蹭；這位母親總覺得這是一個「壞毛病」（其實這是一種孩子的自我補償策略），所以總是很嚴厲地去阻止他。當孩子被阻止時，他總是笑笑的；但母親發現，之後孩子還是偷偷地做這個行動，而不讓別人發現。現在，這個當年才三歲的孩子，已經十八歲了，情緒卻總是不夠穩定、經常為小事發脾氣。而母親帶著兒子去做心理治療後才發現，這可能是當年孩子在消化父母不在身邊的感覺時，發展出的自我補償策略（磨蹭物品）未被支持、且受到阻撓的結果。

面對孩子的焦慮：不需後悔，只要往前走

很多父母在思考了上列的問題後，常常會出現一種罪惡感——特別是，當你曾經有一段時間沒有陪在孩子身邊，你可能會禁不住去想：是不是我害他變成這樣？

拿我自己的例子來說，我的大女兒是我自己帶到一歲；而後因為忙碌的關係，請我婆婆帶了一年。等到我把孩子接回家裡後，我也同樣發現孩子出現這樣的「陌生焦慮」，而且除了人類以外，她還對很多「陌生的生物」感到焦慮。有一回，我帶女兒到沙灘，那裡有非常多的招潮蟹——我一直想像女兒看到那些螃蟹會開心地大笑；沒想到，她卻害怕地爬到我身上，一邊歇斯底里地哭叫……那時我就知道，我讓她這樣更換照顧者的狀況，的確對她造成影響。

這種狀況，心理學家稱為「暫時性的發展偏差」，孩子可能藉著過度發展某項行為，來試圖糾正某一階段所出現的發展失衡——特別是孩子對分離性的覺察，所產生的內在焦慮。

我不知道談到這裡，會不會讓很多曾經把孩子送離身邊的父母感到焦慮（特別是像我這樣，自己帶一陣子又送走的），但在我自己的經驗裡，可以向大家保證：如果你願意去正視這個問題，這種發展偏差，真的是「暫時的」，一定會過去（大約半年到一年左右）。只是有幾個可以注意的原則：

・**避免因為罪惡感，而過度補償小孩**：最常見的是買禮物給孩子，因為那其實是在安慰我們自己——即使你真的想買，你也要清楚知道這是為了自己而買。

・**避免因為罪惡感，而不自覺遠離小孩**：最常見的是，父母和孩子的關係會回到類似「教育的立場」，而不是「情感交流的立場」。所以父母可能會一直教孩子什麼對、什麼錯（矯正自己不在他身邊時，被人家「教壞了」的地方），而忽略了其實可以大方地和孩子去談，當初是因為什麼困難把他送離身邊的，以及你真的很愛他。

面對自己曾經不能陪在孩子身邊，最好的方式，就是**當孩子回到自己身邊時，真正的陪在他身邊**。

這些不能說或做

- **和孩子說：「你這樣真的很可惡，你這樣讓我很丟臉。」**（孩子會覺得你的關注不在他身上）
- **因此而處罰孩子。**（因為這種反應只是孩子內心焦慮的表達，而不是一種問題行為）

我不想去上學
協助孩子融入群體

欣欣上小學的這年，安安也剛好要上幼稚園。

這天，先是娃娃車要來接安安和佑佑（兩兄妹念同一間幼稚園）：佑佑笑嘻嘻地上了車，可那安安一看到娃娃車，眼淚卻撲簌簌地掉下來；等到老師下來要牽安安上車，安安就死命地抱著媽媽的大腿不放。嘴裡一直大喊著：「**不要不要不要不要，媽媽，嗚……**」

媽媽硬著心腸把安安推上娃娃車，心裡在滴血。又騎著機車送欣

欣去上小學。沒想到，明明已經「念熟了」幼稚園的欣欣，不知道是不是受到妹妹的影響，居然也在學校門口不肯下車，也死命地抱著媽媽不放：**「我不要啦！我不要去上學啦！」**

哎呀，這一大一小的姐妹，到底是怎麼回事啊！

孩子離家去念幼稚園，是家長皆知的分離焦慮大考驗；孩子離開幼稚園去念小學，家長們卻可能想像分離焦慮的程度會比幼稚園降低一些，小學最可能引起孩子不適應的地方應該是課業學習的複雜程度吧？

其實，這兩個階段的「不想上學」，看似發展階段不一樣，但還是有許多本質上的共同點。

孩子可能這樣想

不是怕學校，是怕所愛的人不在

在心理學的書籍中，有一段很經典的論述，描述著一個三歲的男孩，在一間黑漆漆的屋子裡頭大叫：「阿姨，和我說話，我會害怕，這裡太黑了。」男孩的阿姨回應說：「我跟你說話有什麼用，你又看不到我？」男孩說：「沒關係，有人跟我說話，這裡就會有光。」心理學家在書裡頭分析說：「可見，**男孩怕的不是黑暗，而是他所愛的人不在；只要有證據證明他所愛的人在，他就會平靜下來。**」

我們可以用同樣的概念來理解「孩子不去上學」這件事——特別是上學的第一天。我不知道家長們有沒有想過：如果孩子連去都還沒去過學校，根本不知道那裡會有什麼，有什麼理由讓他們感到害怕呢？

如果你可以這麼想，你就接近答案了——孩子對學校和群體生活最原初的恐懼，並不是因為學校本身，而是因為學校沒有他們所愛的人；那是一個新的地方、新的事物、新的關係、新的開始。

不管是幼稚園或小學，都是如此。所以你可能會發現，當小學裡有孩子熟悉的過去友伴時，他們在第一天往往不會顯得如此害怕。

轉化「嬰兒期依賴」為「成熟期依賴」

心理學家把小小孩的依賴分成階段來看，主要是從「嬰兒期的依賴」（心理上和主要照顧者融為一體），轉化為「成熟期的依賴」（可以覺察到彼此的差異，而且有一個信賴的互動基礎）。在「成熟期的依賴」中，孩子開始相信，父母可能會離開他身邊，但不會永遠消失；而他們需要的時候，可以隨時回到父母的腳邊尋求庇護。能夠到達這樣的心理狀態，慢慢地孩子們就能學習獨立——而獨立的意義，則是他們願意離開父母身邊，到外面的世界去冒險、學習新的事物。

在「嬰兒期的依賴」與「成熟期的依賴」之間，孩子會面臨一個「過渡時期」——他們可能會變得特別哭鬧、特別無法忍受父母不在，或者表現出許多「退化性的舉動」（像吸手指、把身體蜷曲起來）。這往往表示孩子在跨越內在的依賴階段，試圖讓自己可能達到一個比較成熟獨立的境界。此時，父母親不但需要對孩子這些「退化性的舉動」表現包容和接納，更需要在孩子出現這些行為時，**向他保證你會一直在這裡，而不是讓他感覺你在斥責他長不大。**

家長可以這樣做

找到孩子所愛的人事時地物

有一本兒童繪本叫做《爺爺一定有辦法》，裡頭描述一個小男孩，從小和爺爺建立很深厚的感情，而且他相信爺爺一定有辦法把所有的舊東西變成新的東西。首先，爺爺在男孩很小的時候，給他縫了一條神奇的毯子，這條毯子很舒服、溫暖，還能趕跑所有的惡夢；可是，這條毯子有天舊了，媽媽想要拿去丟掉，男孩就說：「爺爺一定有辦法。」果然，爺爺拿起剪刀喀擦喀擦地，把毯子縫成一件奇妙的外套。之後，外套變成背心、背心變成領帶、領帶變成手帕、手帕變成鈕釦……直到，有天鈕釦不見了！男孩好難過、爺爺也好難過——因為，爺爺再怎麼厲害，也沒辦法無中生有啊！隔天，男孩到學校去，拿起筆來，在紙上唰唰唰地寫字，把這個歷程，寫成一個奇妙的故事。

從此以後，男孩應該不再需要爺爺變魔術了，因為他自己已經具備了「變神奇魔術的力量」。這也代表，男孩已經把爺爺的愛，內化成一種象徵，深深地放在自己心裡了。

這是一個很好的例子，讓父母了解孩子如何從「嬰兒期的依賴」，通過外在事物的轉化，過渡到「成熟期的依賴」。所以，如果我們要幫助孩子朝向這些階段，也可以好好透過對孩子而言，最困難渡過的這兩次「上學去」（幼稚園和小學），來建立學校中，孩子所喜愛的「人事時地物」，**幫助孩子帶著「美好的象徵」進入到群體生活中**：

- **人**：幫孩子找到學校裡頭，他喜歡的人。例如，喜歡的朋友、喜歡的老師。
- **事**：幫孩子找到學校裡頭，他喜歡的事。例如，喜歡上的課、下課時喜歡做些什麼？
- **時**：幫孩子找到學校裡頭，他喜歡的時間。例如，吃飯時間（有果汁可以喝）、睡覺時間（可以躺在自己喜歡的睡袋裡）。
- **地**：幫孩子找到學校裡頭，他喜歡的地方。就算只是某一個牆角，那都是孩子感到挫折時可以窩著的地方。
- **物**：幫孩子找到可以代表重要他人的物品。舉例來說，我自己的女兒要上小學時，我特地幫她挑了一隻手錶，然後跟她說，因為她上小學後就有上課和下課了，她可以自己看錶、看時間；把手錶帶在身邊，就像媽媽陪著她去上學一樣。結果，她剛去上小學的第一個禮拜，天天帶著手錶；等到她交到好朋友，錶連帶都不需要帶了。

以上的這些「人事時地物」，如果家長沒有主動問，孩子也不見得會主動說；當孩子沒有把這些說出來，他們就沒有機會透過「反思」，去理解學校裡的美好。所以家長們和孩子談論這些不但重要，談論的內容還要像這樣具體清楚。

✪ 穩定內在而向外發展，體驗外在而向內分享

當孩子能在大人的協助中，**將重要他人的愛轉化成「不滅」的象徵**，孩子內在會產生穩定的力量，不再容易患得患失（覺得重要他人離開身邊，好像就不會再回來），也才能放心地向外探索與發展。換句話說，如果家長們發現自己的孩子沒辦法自己到外面的環境去，融入有別的孩子的群體，就可能是他們內在的象徵力量還沒有完成。

如果你發現孩子有這樣的表現，而他又已經到了適學年齡，不外乎是幫他建立更穩固的內在關係，以及找到外在世界的美好事物。具體做法包括：

- **讓孩子知道你什麼時候會出現：**「（以手錶為例）短針指到幾的時候，我就會來接你囉！」
- **給孩子「學校作業」：**「今天要帶兩個小朋友的名字回來告訴我喔！」

當能夠這樣慢慢地嘗試，相信孩子的狀況也會逐漸好轉。孩子好轉的情況則可參考下列的指標：

・**孩子回家後是否能分享他在學校所發生的事？**尤其是開心和挫折，以及有這些心情的原因？分享交友和與師長的相處狀況，並找到至少一個喜歡學校的理由。

・**孩子是否越來越能忍受與你分開？**包括：雖然進入校園前會哭鬧，但進入校園後會因老師安撫而停止？哭鬧頻率和強度下降？

這些不能說或做

- **對孩子的哭鬧缺少情緒反應。**（孩子會覺得自己的感受被忽視，沒有受到關注，內在力量更薄弱）
- **和孩子一起去上學，甚至整天都陪著他。**（鼓勵孩子繼續黏著你，而沒有鼓勵他朝向外在環境）

給我禮物！我才和你交朋友
面對孩子霸道的交友方式

欣欣念中班的時候，有一天，老師在連絡簿上寫了一段描述她交友情形的文字：「近期在交友上使用的方法有誤，例如，有她喜歡的物品就會請同學給她，不然就不當他的好朋友……我會再多留意，也有勞家長您多費心。」

這是一段讓許多大人看了就會皺眉的話，欣欣的外婆看了以後也露出「小時就這樣，大了怎麼辦？」的表情。

對媽媽來說呢？說完全沒反應是騙人的，但這樣的行為舉動，來源有三：一是孩子的外表和個性、二是友伴的相處反應，還有一個最重要的，是孩子在學齡左右的這個年紀都會有顆「友伴第一」的心。

家長們，還記得自己剛上學、開始和不認識的小朋友從陌生到熟悉的年代嗎？在那個剛與父母分離，進入每個人都有不同性格的學習圈子，你是如何在那種環境中鞏固自己的地位，讓自己在校園裡產生歸屬感呢？

是乖乖的跟在那些長相高挑優美、成績優秀的好學生後面？還是把家裡可以獻寶的玩具和話題都帶來與人分享？當許多小朋友喜歡和你交朋友的時候，你會欣喜萬分？還是平靜以對？當小朋友們不理睬你的時候，你是默默受氣？還是淚眼相對？……

是的，一想到我們自己的那個年代，我們對這個年紀孩子在學校所面臨的各種問題，就會產生更大的同理心，了解他們剛入學的這幾年（大約是大班到小一左右的年紀），與學校友伴所產生的各種問題，都是因為他們正用他們性格中獨有的，以及所看、所學的方式，在探索與建立人際關係的基礎。心理學上就說：攻擊和破壞是孩子天生的本能之一；但在這些本能從潛意識進入意識之前，他們不會覺得這是錯的。

開始意識到我和你的「條件」不一樣

即使許多孩子都幻想世界要公平（這個幻想常常是大人所給予的），每個人所擁有的條件和資源卻是不公平的。孩子從進入幼兒園開始，就隨著認知發展的逐漸成熟，體會到每個人的差異性。

即使老師從小班時就開始引導：「我和你不一樣」、「我們每個人都一樣棒」；孩子接觸到的現實卻是：有人就是長得比較高、比較漂亮，有人的英文數學怎麼樣就是學得比較快，有些人只要講句話就會讓小朋友都跟著他……這樣潛在的認識和比較，**讓孩子了解自己的優勢和條件所在**——即使單純的他們，還沒辦法像大人選秀一樣地口頭評判自己和別人，但這些認知在那小型的學校社會中早已發生。

知道哪些人可以惹、哪些動不得

有了「條件感」之後，孩子很快的會透過觀察，了解哪些人「可以惹」、哪些人「動不得」——而一個健康的孩子，則是在下列兩個重要的歷程中調合自己：學習引導那些「可以惹」的友伴、向那些「動不得」的友伴學習。最後，孩子的優點和限制可以開始整合，也才能體會到：

每個令人喜歡的人背後，都有討人厭的時候，每個他所不喜歡的人，其實也有可愛的一面。同樣的，他們心裡失控與可愛的一面，也同時需要被大人和友伴所接納。

不論是非對錯，只管適應與否

當我們了解孩子的「條件觀」與「社會哲學」，更要知道的是，不管怎樣的孩子，**受到群體的接納與肯定**，都是同樣重要的。當孩子進入學校一段時日，學校給予孩子更大的自由去交友之後（年幼的孩子，老師會幫他們分配位置），孩子會傾向和「與自己同等條件的人」，或者「自己想要成為的人」交朋友。因此他們的所作所為，都是在「友伴第一」的心情下，所找到能和友伴產生連結的方法。而在道德觀尚在建立的年紀，許多在大人眼裡偏差而霸道的交友方式，就透過模仿與嘗試，悄悄地出現在孩子的人際關係中了！

家長可以這樣做

大人的激動會強化孩子的負面動機

遇到孩子惡霸似的情景，常常會摧毀大人心裡「孩子是純真無邪」的想像。所以有些家長的反應會特別大，可能會拉著孩子問：「你為什麼這樣？你怎麼可以拿別人東西呢？」更嚴重一點的可能會說：「你這樣是強盜，怎麼這麼壞！」

其實家長可以不用這麼擔心，如果孩子只是「剛開始出現這樣的反應」，通常只是「初步嘗試」的一種；而且這種方法對孩子來說往往有用，才會讓孩子心裡產生喜好的感覺（心理學上稱為正向增強），這行為也才會持續發生。因此，如果剛遇到這種事情，大人的責罵卻多於引導與說明，就模糊了我們想要教育孩子的重點，**孩子會「只記得被罵」而「忘了為什麼被罵」**，而這種「被罵的心情」又和孩子心裡「獲得禮物的快感」相反。慢慢的，孩子反而會變成「偷偷霸道而不讓你知道」。

✪ 3H化危機為轉機：同理心、是非心、信任心

如果家長了解「友伴第一、適應社會」的孩子心，就會了解孩子初始「霸道」的意圖，和我們想像中的「流氓」個性並不相同，但如果沒有好好引導，讓孩子慣用這種方式交友，確實會形成潛在的大危機。在這種狀況下，我們可以**透過語言探問**，**引發孩子的思考**，趁機激發孩子的三種人際心。其中包括：

‧**同理心**：「寶貝，你是不是很喜歡和小朋友一起玩，也很喜歡和小朋友交朋友啊？」（這句話像廢話，所以大人常常懶得說，殊不知，「廢話」最讓孩子覺得自己被懂得。）「可是如果別的小朋友也跟你要東西，才要跟你交朋友，而這個東西你又很喜歡，這樣你是不是會不知

該怎麼辦啊？」

・**是非心：**「所以寶貝，媽媽很喜歡你，難道要你給媽媽禮物媽媽才要理你嗎？如果媽媽真的會因為禮物才要理你，你會不會有點難過呢？那你這樣跟小朋友要東西，他是不是也會很難過？你覺得這樣好嗎？」

・**信任心：**「寶貝，真正的好朋友，是不管有沒有禮物，我們都會想要在一起的。就像媽媽和你一樣，我們只要在一起就很開心呀！」

孩子所有的行為，都是用他們所理解的方式在探索世界。在是非對錯還未發展完成的學齡前階段，爸媽就不要為孩子的行為加上那麼多「對或錯」的枷鎖了。引導思考、將道德內化，孩子獲得的將是陪伴他一生的自我原則！

這些不能說或做

- **很激動地說：「你為什麼這樣？你怎麼可以拿別人東西呢？」**（孩子一開始只是出於本能的嘗試，父母的激動反而加強此事的印象）
- **帶有批評地說「你這樣是強盜、怎麼這麼壞！」**（孩子一開始並沒有偷、搶的意思，所以容易產生被誤會的委屈）

孩子可能只是跟著自己的本能、根本還不懂自己為什麼這麼做，所以他們需要先了解為什麼這樣是錯的。

我不想輸
面對孩子的好勝心

欣欣、佑佑和安安，三個人圍在客廳玩拼圖。

早已經玩過這些玩具的欣欣，三兩下就把拼圖給拼好了。而那年紀還小的安安，什麼都還不會，看到姐姐拼好一張圖，就在旁邊鼓鼓掌。

只有那總是慢姐姐一步的佑佑，看姐姐搶先在自己前面，氣得把所有拼圖都給拆了，嘴裡對姐姐嚷著：**「哼，你不會，你不棒，我才棒。哼。」**

當父母真為難，如果孩子缺乏好勝心，我們可能擔心他沒有競爭力；如果孩子總是想要當第一，我們又擔心他性格太過完美或偏激。

其實，嬰幼兒時期，孩子原本就有一種自戀與自我中心感——對孩子來說，自己就是一個整體，所以孩子對自體的捍衛，就會自然地表現出好勝的感覺。家長們可以掌握孩子好勝的時機，轉化為面對未來的學習心。

孩子可能這樣想

誇大與表現的自體感受損

在孩子的成長經驗中，會有想要成為完美的期望，以鞏固自體獨特性的存在，期待去展示和表現自己，以獲得幻想中的成就和權力（對孩童時期最大的成就：就是能擁有眾多的他人關注，把世界變成以自我為中心的舞台）。在這種時候，如果孩童的自戀與自我中心沒有獲得外界足夠的理解，甚至是被周遭的人與環境所打壓，可能會產生病態的「誇大自體」，在人際關係中過度傲慢、並帶著對他人的敵意。

若要解決這樣的狀況，父母就要在孩子年幼表現出好勝行為時，給予適度的贊同與肯定，

以免孩子發展中需要表現自己的感覺受損，而在未來的人際關係中過度索取，產生自負、炫耀的外顯性格——而這底層的性格卻可能是自卑。

✪ 理想化的父母與自體形象

除了表現自己、被別人看到的渴望，孩子也需要和人融合，以讓自己感覺到安全、舒適、平靜。所以孩子們會傳遞一種「我是完美的，所以你要愛我」的訊息，並且也「視父母為完美的，而且我是你的一部分」。在這種狀況下，當父母表現出對孩子的正向反應、對孩子的需要能立即回應，那麼孩子就會逐漸忍受自己和父母親之間是有距離的。

家長可以這樣做

✪ 評估：是「學習心」？還是「比較心」？

面對孩子的好勝表現，心理學上將這看作是：孩子鞏固自己的整體感與獨特性，以及自己與父母親的關係幻想的展現。所以孩子會想像：父母是懂我這個需要的。當他們和別的孩子相處，產生了違反理想的挫折感與不舒服感時，也會第一個尋求父母的支持。此時，父母必須先理解與肯定：「不會啊！你也好棒啊！你也是做得很棒啊！」（**滿足孩子的誇大與表現需要**）。

然後進一步去觀察，孩子是因為學習上感到受挫？還是因為競爭感到受挫？

- **學習上感到受挫：**我不會做、我做不好，所以我不要玩了。
- **因為競爭感到受挫：**我不要跟別人玩，他們不可以玩，不然我不要玩了。

不管是哪一種，我們都需要先接納孩子的挫折感。因為孩子若沒有把挫折感說出來、放在心裡，就會導致他們面對未知事物的害怕，或者不敢嘗試新事物。所以面對上述兩種挫折感，父母可以回應的方式包括：

- **學習上感到受挫：**多做幾次就會了，來，媽媽陪你。
- **因為競爭感到受挫：**姐姐也是一直練習才會的，沒有人第一次做就可以做得很好，來，試試看。（也可以請姐姐教弟弟，順便化解一下手足之間因競爭而起的恩怨）

整體來說，面對學習上容易受挫的孩子，**我們鼓勵他接觸新事物、面對挑戰**；面對因為競爭感到受挫的孩子，**我們鼓勵他看到別人和自己的優點，了解並不會因為別人的好、就減損自己的好。**

激發孩子的學習心

孩子雖然容易受挫，但也都有自尊心。所以當我們發現孩子的好勝與表現慾時，不需要特意讓他，以達成讓孩子贏的目的——當然，刻意打壓孩子，想要透過「讓他體認到他本來就不可能贏」來建立孩子的抗壓力，更是不必要。**適時地讓孩子體會「贏」和「輸」，不但能激發他們的學習心，也更能了解勝敗乃兵家常事**。因為，一個從小總是體會到「贏」的孩子，我們得要替他擔心哪天他失敗了，心理上會不會撐不住（年紀越大、所嚐失敗感越強）？一個從小總是體會到「輸」的孩子，如果在六歲後還處於這樣的狀態（六至十二歲的孩子是透過「成功經驗」來認同自己），性格則會變得較為退縮。

只是身為父母，我也注意到一個有趣的現象。有一回我受邀上一個節目，談孩子做暑假作業的議題。許多父母坦承自己幫孩子完成許多暑假作業，理由不外乎是：因為孩子做不好，孩子做不好就哭得很傷心，總不能見死不救；或者因為曾經幫孩子做作業，以致孩子得了獎，之後就好像一定要幫點忙，讓孩子繼續得獎。

從這些父母的分享裡，不知道大家有沒有發現一件事：**對孩子的輸贏與好勝心，父母總是很難置身事外**——孩子做得好，我們比他更開心；孩子做不好，我們比他更擔心。其實，當父母這樣與孩子的學習感受綁在一起時，孩子也**很難在這過程當中享受屬於他自己的學習**。所以，要讓孩子從這種理想化的好勝心中，找到學習的路，父母可以先思考下列問題：

・當孩子沒辦法完成一件事情，我的心情是什麼？・會不會忍不住想要幫他完成？或是趕快找藉口安慰他、不要讓他受挫？

・我是否總是跟孩子說：輸贏不重要？

其實，輸贏對孩子來說，真的很重要，不然學校老師就不用發那麼多點點貼紙，來激發他們的學習心了。身為父母，我們不需要擔心「孩子想贏」，但得要教會孩子「能承受得起輸」。

這些不能說或做

- **「沒關係啦！你本來就比較小，不會是正常的。」**（合理化孩子的挫折，卻讓孩子失去像上學習的動力）
- **「好啦好啦！我跟你玩，我讓你贏。」**（安撫孩子，卻像是根本不相信他可以做到）

他們為什麼不跟我玩？

面對孩子的人際挫折

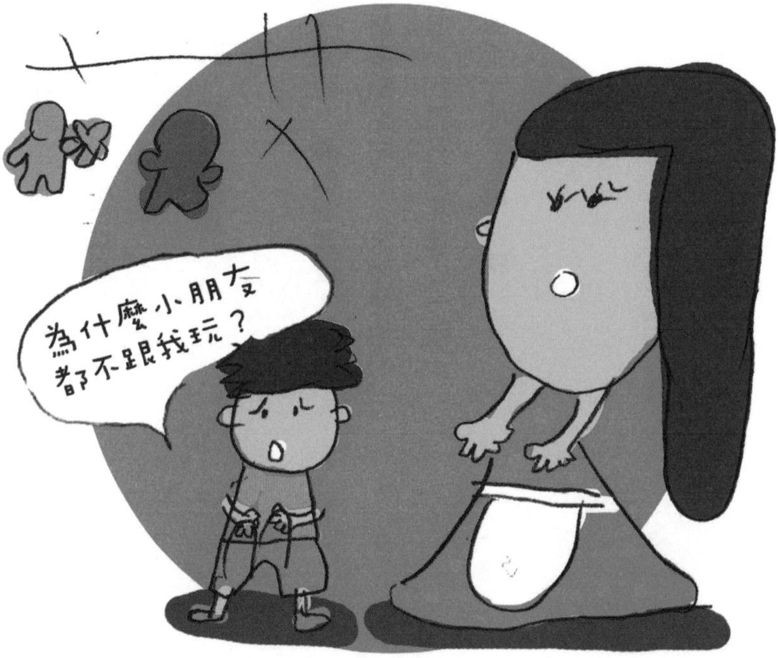

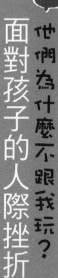

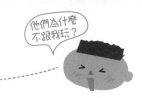

欣欣升大班的時候，媽媽為了增強她的活動量，將欣欣換到一所郊區的幼兒園。

連續上學幾天，媽媽卻發現欣欣有些悶悶不樂。一問之下才知道，班上的女生總是玩在一起；對於欣欣這個轉學生，表現卻十分冷淡。還有小朋友甚至直接問老師：「**為什麼我要跟她玩？**」

雖然老師會指定某個同學來照顧欣欣，可是欣欣還是沒辦法像其他同學一樣，很自然地玩在一起。

於是，欣欣回家哭著問媽媽：「**他們為什麼不和我玩？他們都不喜歡我……**」

各位家長，當你們聽到孩子說，同學都不願意和他玩——心裡的感覺會是什麼呢？你是否想過，如果有一天發生這樣的事，你會怎麼做？

我曾經遇過一個媽媽，她覺得自己的孩子在學校是受人排斥的；後來，她為了解決這個問題，就花錢買了很多好吃的糖果餅乾，請學校老師為她女兒開一個party，來拉攏同學們的注意和喜歡。後來，這個媽媽就養成習慣了，每當只要發現女兒在學校不開心，就是她又要花錢請客的時候了！

我很能理解這個媽媽的心情：孩子剛去到學校、不在自己身邊，我們既不能像在家裡一樣地保護她，又不能控制她身邊的朋友要好好照顧她，所以只可盡己所能地，幫孩子鋪好一條他們能走得比較順利的路。

只是，當我們總是要涉入孩子的人際關係時，卻可能讓他們醞釀更大的能量，遇上未來更大的危機！

孩子可能這樣想

人際受挫不一定是壞事

心理學家認為，孩子們深受身邊的重要他人影響，而形成一種潛意識的規則，來面對與組織外在的刺激。因此當孩子們踏入群體生活中，他們也必須要找到一種方式，把他與別人交往的大量經驗、與他的潛意識原則組合起來。也就是說，孩子剛踏入群體生活的人際行為模式，是帶著他們在家庭裡與父母親及其他重要他人的關係而來的，但是這個模式必須**在實際的外在環境中受到挑戰與修正，孩子們才能發展出面對環境的挫折容忍力**，未來對於未知的、多變的事物就不會有那麼多擔心和害怕。

舉例來說，假設一個孩子是家中的獨生子，三代同堂的居住環境，讓他要什麼、有什麼，而且都是別人會主動來關照他所需要的事物。在這種狀況下，孩子的人際原則可能變成：只要我想要，別人就會主動來問我——但進到實際校園生活後，又不見得會如此（當然，有些孩子身上就有一種會讓人家主動來接近他的氣質，這另當別論），所以孩子就有一個機會，發展出適應真實環境的能力。

也就是說，當一個孩子在學校環境受挫時，可能會反而幫他發展出「能夠主動與人交友」的彈性；反之，當孩子的環境沒有這樣的受挫因子呢？他當然只要維持一貫的被動原則就行啦！根本不需要主動踏出交友的腳步。由此可見，**人際受挫，不一定是壞事**。

✪孩子對人際關係的「幻想」

心理學家也認為，孩子自出生以來，就有一個任務：要發展分辨內部世界和外部世界的能力。而孩子早期的內部世界，是他們內心情感的合成物——也就是孩子的「幻想」。他們會透過最早與重要他人之間關係的體驗，來想像外面的人、事、物，並且模擬別人做事可能的軌跡。

在一個心理學研究中，心理學家拿自閉兒和照顧者之間的互動來進行研究。他們發現，每當孩子試著要正面「看」他們的照顧者時，照顧者總是轉身遠離他們。一開始，孩子還會多次嘗試與照顧者進行目光接觸，但多次失敗後，孩子們被拍攝到出現明顯的困惑、沮喪表情——而且在四個月大的孩子身上就可觀察到這樣的現象。之後，孩子就有了一個「心理幻想」，覺得他們怎麼努力，也沒辦法讓人正眼「看」著他們，而「凝視迴避」也變成孩子們自閉行為的一個顯見表徵了。

除了自閉症外，心理學家研究了許多兒童病理性的問題，最後發現，這些孩子大多曾經感受到長期且嚴重的**「令人沮喪的互動體驗」**，導致他們對人際的幻想是扭曲的。對於其他較為積極的孩子來說，如果這些互動經驗沒有那麼嚴重而受挫，他們**可能會幻想「自己多做些什麼」，就能引發別人的注意**。所以當這些內心積極的孩子，受到人際挫折的時候，他們可能感受到生氣和憤怒，卻願意忍受、且跨出腳步去為自己做些什麼。

由此可見，**對人際受挫感到憤怒、生氣、悲傷的孩子，心理還是健康**的。但當孩子面對人際受挫也無所謂、表現消極，就值得家長好好去關心了。

家長可以這樣做

檢視自己的「冷熱程度」

孩子最初與同儕的相處，往往反映他們與家人的相處經驗。所以當孩子面臨人際挫折時，家長也不妨先檢視：我與孩子的互動是冷淡，還是熱情？我對孩子人際挫折的反應是冷淡，還是熱情？

・**冷淡的反應**：不太正面去回應孩子的需要。例如，當孩子一直想要跟你說話時，你總是在忙某些事情，像是洗碗、做家事、打電腦、看電視等等。當孩子一直看著你的時候，你沒有像他看著你一般看著他；當孩子想要抱著你的時候，你沒有像他抱你一般回應他的擁抱。當孩子遇到人際挫折時，你也沒什麼感覺，覺得過一段時間，情況就會改善。——上述這些狀況，可能讓孩子面對人際挫折的態度較為消極，對人群也不會表現出太大的興趣，或是把對人的興趣藏在心裡。

・**熱情的反應**：過度回應孩子的需要。例如，當孩子跟你說一句話，你就回應他更多話；或當孩子不太想說話時，你還是要他一定要跟你說話（沒話也要找話講）。當孩子想要自己玩時，你會希望他中斷遊戲讓你擁抱。當孩子遇到人際挫折時，你比他反應還大。——上述這些狀況，可能會過度涉入孩子的人際關係，讓孩子習慣由你幫他處理事情，或是想要逃到外面去。

✪ 建立「愛與信任」的引導對話

越小的孩子，越容易活在「全有全無」的想像裡：當在某個地方發生挫折，就把這個挫折蔓延到整個人際關係、整個學校中。在這些經驗中，我們也協助孩子了解到：生命中有些人際關係會一直存在（例如，家人關係、血緣關係），**但不一定要勉強自己擁有及維持每一段關係**。所以我們可以透過一些引導對話，來建立孩子的「愛與信任感」：

- **孩子自己也不一定喜歡每一個人**：「寶貝，你真的也喜歡每一個人嗎？會不會有些時候、有些人，也讓你不太喜歡？那麼，如果你自己都這樣了，為什麼還要別人都要喜歡你呢？」
- **不是每個人都一定要喜歡自己**：「寶貝，你知道媽媽雖然有很多朋友，可是也不是每一個人都一定會喜歡媽媽。你也一樣啊！我們不一定要每個人都喜歡我們。」
- **可以信任家人的愛**：「寶貝，但是不管別人喜不喜歡你，家裡的人都一樣很喜歡你，這就是家人。」

這些不能說或做

- 幫孩子去找不和他玩的同學算帳、或拜託他們和孩子玩。（孩子失去了自己解決挫折的機會）
- 跟孩子說：「沒關係，那些小朋友不好，我們也不要跟他們玩。」（孩子就是因為在意這些同學，才感到難過，這麼說會扭曲孩子的心智）
- 去跟老師告狀。（就算要請託老師幫忙，也是教孩子自己去跟老師說）

媽媽，他打我！
面對孩子被欺負

百貨大樓裡一個大型的兒童遊樂場，裡頭有各種卡通人物造型的玩具。媽媽帶著三寶到遊樂場去玩：媽媽手上抱著兩歲的小安安；已經六歲的欣欣，自己專心地投入益智遊戲中；只有好動的佑佑，與沖沖地往球池衝去。

球池裡放了幾樣男孩子喜歡的玩具，裡頭的孩子就像挖寶一樣，不斷往球池裡撈。只見佑佑撈起了一輛玩具模型車，開心地向媽媽揮手——就在這時，佑佑身旁的一個小男孩，一把搶過了佑佑手上的車車；佑佑才剛反應過來，要伸手去拿回來時，小男孩卻拿著模型車，從佑佑頭上敲了下去。

「**哇**……」遊樂場裡爆出了佑佑的哭聲。媽媽和那個小男孩的媽媽並肩站在外頭，對彼此露出了尷尬的表情。

不知道大家同不同意，身為一個母親，都有一種很自然的防禦本能：只要看到有人想接近自己的孩子，就會很自然地把孩子拉近一點——這種本能大約從懷孕時期就開始，所以走在路上，要是你膽敢去撞到孕婦，可是會被瞪回去的。

那麼問題來了，如果是兩個小小孩在玩耍呢？如果有一個小孩想搶另一個小孩的玩具，而兩個母親都在場，這種情況如何處理？當母性本能遇上小小孩之間的權力鬥爭議題，該以何者為重？

面對這樣的問題，許多家長可能會有一個困擾：好像保護了自己的孩子，就對另一個小孩和小孩的母親不太好意思；保護了另一個孩子，又好像沒有顧慮到自己的小孩。那到底該如何是好呢？

孩子可能這樣想

你要表現得像我媽媽

在孩子與其他孩子發生搶奪的狀況下，孩子心裡最直覺的感受是：我的媽媽應該保護我，幫我把玩具搶過來；如果媽媽沒有保護我，孩子會降低對媽媽的信任感，覺得媽媽沒辦法在他需要的時候為他出頭。

當然，理解孩子這樣的心聲，和真的這麼做是兩回事。但當我們了解孩子的內心世界是這樣，事情發生的**第一時間就能把注意力關注到孩子身上**——也許是喚孩子過來抱抱他、安慰他，而不是急著就跟孩子說：「沒關係啦！你去玩別的就好。」

只要你放手，我就有自己處理問題的能力

除了採取客氣式、禮讓型的媽媽，有些媽媽在旁邊看了可能會跟著冒火：這個死小孩，怎麼能這樣欺負我的孩子？

所以有些媽媽可能會跟著捲進孩子爭奪戰裡。我還看過有些家長，會忍不住在孩子耳邊小聲說：「你去搶回來啊！就給他搶回來啊！」或者，用眼睛瞪著那個強自己孩子玩具的小孩說：「小朋友，你沒有看到他在玩嗎？」

其實，這種反應方式也沒有做到「把關注放在自己的孩子身上」，因為在這種狀況下，家長自己的心情與處事作風，可能已經被孩子這相處的插曲，給深深引發了。

當家長涉入孩子的人際相處方式，孩子眼睛在看、耳朵在聽、心裡在學，而且**父母涉入的影響力，往往比孩子真正的自己更有力量**。所以，孩子不知不覺便會用「父母的方式」在交朋友，但那不見得是孩子真正的模樣。

家長可以這樣做

情境當下：以自己的孩子為主

從心理學的角度來分析，我想大家都可以理解：每個為人父母者，心裡也有自己的議題，而且在教養孩子的時候，不知不覺地將這些議題投到對孩子的養育方式上。所以像上述情境的反應方式，其實主要是反映父母如何面對他人的眼光、父母希望自己在別人眼中的形象、以及父母的人際議題。

在這種狀況下，家長開始有所反應之前，可以先做兩件事：

・**覺察自己的心情，是不好意思？還是生氣、心疼？**了解這些心情可能來自自己，而不見得是孩子現在真實的情緒。

・**先觀察孩子的反應，是否已經有不舒服的情緒？**如果孩子已經快哭、或有受傷的反應，可以把孩子喚到身邊來給予安慰，不然也可以用眼神陪伴他，讓孩子知道你和他在一起。

如果你發現自己的孩子沒辦法去向另一個孩子要回玩具（而且另一個孩子還一直要搶他玩具），**鼓勵孩子主動去解決問題，比家長幫他解決問題更具力量。**例如，當家長想要請另一個孩子停止這樣的行為時，可以帶著自己的孩子、站在孩子身後，拉著孩子的手，用堅定的語氣和其他孩子說：「這個玩具我還在玩，你可以還給我嗎？」即使孩子第一次還沒辦法自己說出口，但慢慢的，孩子就學習到——這是父母在陪著我處理問題。

除此之外，有些家長可能還會有下列兩個問題：

- **另個孩子的家長也在，這樣捍衛自己的孩子好嗎？**——換個角度想，每個家長都能理解父母捍衛自己孩子的心情，只要你不是把自己的情緒帶進去處理，大家都能體諒的。更何況，以後你也不見得會再遇到這個孩子的母親了。
- **我的孩子個性比較強硬，遇到這種狀況，他會打另一個孩子，直接把玩具搶回來，怎麼辦？**——換個角度想，這表示孩子是很有人際力量的，只要孩子年紀還小（大概未滿三至四歲），這都是直接的防禦反應；你可以回家再教育孩子，**當下卻不能因此而懲罰他，這會削弱他的自信和競爭力**。

換句話說，在情境發生的當下，家長最適當的處理方式就是：**挺自己的孩子，和他在一起**——尤其，是六歲以下的小小孩。

✪情境之後：啟發式的機會教育

情境發生之後，父母和孩子可能對當時的事件有不同的想法與反省（當然，父母的反省絕對是比較多的），也可以就此觀察：孩子的性格是什麼？人際處事風格是什麼樣子？有沒有太過軟弱？太過霸道？缺乏獨立？

當我們把觀察的重點放在孩子的身上，我們需要從這個情境中教育孩子的是什麼？例如，對於太過霸道的孩子，可以給他三種啟發式的思考方式：

- **問題思考法：**「寶貝，你覺得你剛剛那樣對嗎？」（通常父母會這麼問的時候，就是覺得孩子做法有問題。孩子如果說對，你可以請他再想想；孩子如果沒辦法想出哪裡有問題，你可以語言直接、但情緒委婉地告訴他：寶貝，你剛剛做了……這是不對的。）
- **換位思考法：**「寶貝，如果剛剛你遇到一個比你更兇的小朋友，變成他打你、你又打不過他，你會不會很難過？」
- **未來思考法：**「寶貝，所以如果以後再遇到這樣的事，你覺得我們該怎麼辦才好？」

至於太過軟弱的孩子呢？父母可別因為自己心疼孩子被欺負，就要讓孩子變得跟我們一樣生氣。我們同樣可以用上述的三種思考方式，只是角色反過來，問孩子：

- 「剛剛那個人這樣對你，你覺得他哪裡錯了呢？」
- 「你覺得要怎麼樣可以讓他以後不要再這樣？」
- 「以後如果他再這樣你要怎麼辦呢？」

我們可以容忍孩子當下的軟弱或霸道，但不能放過的，卻是孩子得要**在這些情境中學習思考，並沿用到他未來的人際相處中**。這是父母可以協助與陪伴他的最好禮物。

這些不能說或做

- 一味的幫著別的孩子。（孩子會覺得你沒有和他在一起）
- 比孩子還要生氣。（父母被自己的情緒淹沒，會阻礙我們觀察孩子最真實的樣子）

我們都不要理他
面對孩子排擠他人

家裡附近有一個小型的遊樂場，每當假日的時候，爸爸、媽媽常常帶著三寶到這裡玩耍。來了幾次之後，附近的小朋友們也跟著熟稔了起來，其中一個和欣欣年紀相仿的小男孩，總是和欣欣玩在一起。時間久了之後，幾個家長乾脆幫孩子們包班一起上起直排輪。

沒想到，最近媽媽卻發現欣欣和小男孩的感情似乎出現了異狀。如果只有欣欣和小男孩兩個人單獨相處還好；但當許多小朋友在一起時，欣欣會趁小男孩不注意的時候，把友伴們召集在一起，和大家說：「**等一下我們都不要理他（小男孩）好不好。**」

媽媽發現這樣的情況，真是驚訝極了！欣欣明明是個善良的小女孩啊！怎麼會做出這種排擠別人的事情呢？

曾經有好幾個家長來問過我類似的狀況：自己的孩子出現排擠別人的狀況，讓他們很擔心。

我觀察到這些家長的一個共通的特質，就是他們都願意花時間參與孩子的活動，所以才會發現孩子與人相處的支微末節。但是我們可以先不以「善惡」和「對錯」的想法來評斷孩子這樣的行為，因為有時年幼孩子所說的話、所做的事，憑的是他們當下的感受，雖然背後有邏輯的存在，但卻**需要大人幫他們一層一層地往內剝**，才可以發現那裡頭的用意是什麼。

孩子可能這樣想

被拒絕自我的向外投射

心理學上認為，小小孩與家人之間的互動中，有兩種狀況特別容易引發他們的不舒服感受：第一種是「**逗弄式的互動**」，大人想要的時候就去找小孩玩一玩，玩得高興後，就拍拍屁

股走了，而小小孩獲得的是一種開心過後的沮喪和空虛；第二種是「**拒絕式的互動**」，通常會發生在照顧者比較嚴肅、冷漠、帶有敵意或退縮的狀態，而小小孩感受到的是自己不受歡迎、不被愛，進一步可能對這種感覺感到生氣與憤怒。

上述的這兩種感覺，對孩子來說都是不舒服的。當人面對內在有不舒服感時，常常會做的反應就是把這種感覺排拒出去、或者投射到其他人身上。比如說，我如果覺得自己常常被人家逗弄著玩，這種感覺讓我感到很不舒服，我卻可能透過逗弄別人玩，來排拒我內心的不舒服。

拿這種觀點來看，當孩子拒絕某些同儕的時候，也有可能是把自己心裡害怕被否定、被拒絕的感受丟到其他同伴身上，其實他們內心真正渴望的是擁有與被接納，因此用這種「排擠別人」的方式，來形成自以為是的團結與連結感——而這個被排擠的同儕，則是代替孩子自己心裡的恐懼，被犧牲了。

這種孩子的內在核心，往往是害怕「失去關係」，所以盡可能地避免被拋棄之苦——不管這種拋棄感是真實的、還是想像的。

自我和他人界線的難以整合

小小孩所面臨的最重要任務之一，就是「整合」。包括整合愛與恨、好與壞、人與我⋯⋯但這件事情對孩子來說實屬不易（事實上，對大人來講都不容易）。所以對孩子來說，這種整合上的困難，就可能反映到他們的人際關係中，而讓他們常常產生：這到底是你的感覺？還是我的感覺？……之類的困惑。所以，當孩子在人際關係中，出現了拒絕同儕的現象，就可能有下列幾種內在狀態：

- 我覺得我哪些部分不好，又不能排拒自己，我就排拒那些有這部分的友伴。（**自我的抵銷**）
- 我覺得我的父母或重要他人有哪些部分不好，又不能排拒父母，我就排拒那些和我特別親近的友伴。（**關係的抵銷和報復**）
- 當我覺得自己是不好的，我就特別容易覺得別人不好、排拒別人，特別當這些人有一些些讓我覺得不舒服的時候。
- 我不太清楚是自己不好、還是別人不好，但是排拒別人會舒緩我這種模糊的感覺。

舉個例子來說，我曾經遇過一個小學生，她是那種功課好、長得漂亮、當班長的那種孩子；老師賦予她很大的權力，讓她好好管理整個班級。這個孩子的班上有個長得胖、動作又慢的女同學，這個功課好的孩子不知道為什麼，就特別喜歡找這個同學麻煩，不但聯合班上同學不要理她，還會偷偷拿老師的棍子打這個女同學。

後來經過輔導的結果，才發現這個功課好的同學，心裡一直覺得，自己不管表現得再怎麼好，周圍的人都不是真心喜歡她；所以每當她看到這個胖胖的女同學時，就有一種莫名的火氣，覺得這同學怎麼可以這樣自我放棄（其實人家沒有自我放棄，人家只是喜歡做事情慢慢的、悠閒一點而已），於是就忍不住要找她麻煩了。

家長可以這樣做

了解動機

曾經有一些家長跟我反映，在這種情境下，他們試著要帶孩子去站在被排擠的人立場想一想，卻好像沒有多大的效果。我認為這是因為**我們還不了解孩子人際排拒行為的背後意義是什麼**，孩子自己也不太清楚，所以那種焦慮感沒辦法釋放，問題自然沒辦法解決。所以，在這種狀況下，我們第一個要做的，仍是透過引導式的對話，來了解孩子背後的動機：

‧**寶貝，你為什麼不想理他呢？孩子的回答大致可以分成兩種：**一是和這個孩子排擠的「人」本身有關的；一是和這個人無關的。

‧**假設孩子回答了與這個「人」相關的（例如，他很臭、很討厭），家長可以再問具體一點：**什麼叫臭臭的？很討厭？是沒洗澡那樣的感覺嗎？——你可以從中發現孩子無法忍受的是什麼，以及和他一起討論無法忍受的原因，也許孩子對自己有更多發現、對這個人就不討厭了。然而，與「人」相關的原因，我們也不用勉強孩子一定要和這個人交朋友，但要引導他，每個人都有交友的選擇權，我們可以離他遠一點，卻不能傷害人家，這樣是不對的。

．**假設孩子回答了與「人」無關的（例如，因為我想跟別人一起玩啊），家長可以進一步問：**那這和你不理他有什麼關係呢？一層一層地往下問，孩子最終會發現，他所在意的點，和不理這個人，真的沒什麼關係。

建立整合的信心與彈性

孩子在整合的過渡期，常常把許多明明無關的線索拉在一起，導致自己變得沒有彈性。就像，他們可能不會發現「我跟他玩」與「我想和別人一起玩」其實是兩件事，而誤以為只要我和他玩，就不能和其他人玩——這是父母可以協助和引導的。

這些不能說或做

- **「你不可以這樣，你一定要跟他一起玩。」**（尤其在還不了解孩子行為動機的時候）
- **「你這樣讓媽媽很難過，你怎麼可以做這種事。」**（孩子對同儕的排拒，往往和內在的被拒絕感有關，這麼說可能會引發孩子更大的不安）

我們來做這個好不好？
面對孩子的老大心態

自從弟弟和妹妹出生之後，欣欣的生活裡多了兩個玩伴，不再像以前一樣，一個人和洋娃娃玩扮家家酒。可是每天放學後，欣欣進家門的第一件事卻變成這樣……

「**佑佑，姐姐跟你說，姐姐教你背一首很好聽的唐詩。**」欣欣拿出書包裡的唐詩課本，從旁邊拉了一張小椅子，拉著弟弟坐下來。

「**春眠不覺曉……佑佑，你要跟著姐姐唸啊！**」看弟弟沒反應，欣欣湊近弟弟的眼前：「**姐姐唸一句，你要跟著唸一句啊！**」接著又轉向一旁的小妹安安：「**安安也要唸喔！等一下姐姐考你！**」（拜託，安安才兩歲，哪會唸啊！）

試了半天，看佑佑始終沒唸好幾句唐詩。欣欣又靈機一動似的，拿出一張紙在上頭畫了畫：「**佑佑，來，選出裡面最短的一支鉛筆。**」欣欣說。（天啊！開始出起數學題考弟弟了）

整個晚上，客廳充滿欣欣的聲音：「**佑佑，姐姐跟你說，我們來做這個好不好？**」、「**佑佑，好，那我們現在來做這個。**」

這到底是姐姐教弟弟？還是姐姐在管弟弟？這姐姐到底是想幫弟弟？還是想控制弟弟啊？

不知道各位家長如果看到這樣一幕，是為孩子長大感到開心呢？還是搖搖頭想說自己怎麼生了個管家婆？就像這裡所提到的「老大心態」，家長們可能會想問：是不是家裡排行老大的孩子，就會有這種喜歡管人的那種老大心態呢？

當然，在家庭排行上，排行第一位的孩子的確擁有這種特質。但我們這裡特別要探討的，除了排行上所顯現的特質外，還有其他所有孩子身上都可能出現的那種「希望大家都聽我的」的特質。

孩子可能這樣想

兒童時期的心理願望

每個小小孩最原初的願望，都是希望給予他滿足的主要照顧者（通常是母親），能滿足他所有的要求，希望她是有愛心的、而且無條件接納的。在小小孩的心裡，這是一種世上所有美好事物都縮影到某一個人身上的心理願望。

但這大多只是一個願望、一個夢想而已，因為母親（或代替母親的主要照顧者）也是一個人，也會有感到疲勞、厭倦、失去耐心的時候，所以孩子在清醒時所認識的母親並不會永遠完美——但這也無法阻止他們繼續將母親理想化。當母親越遠離孩子理想化的心願時，孩子可能反過頭來越希望自己能控制得了母親——正是因為這樣的心理狀態，我們常常可以看到，一個在超級市場裡要求母親買玩具的孩子，母親明明已經對孩子說「不」了，孩子卻更奮力地（通常這種奮力是用哭鬧來表達）來促使母親就範。母親情緒越激動地表示拒絕、孩子的情緒也更激動地加以對抗。

當母親和孩子的關係，始終遠離孩子的心理願望時，孩子可能將這種對母親的「控制感」轉移到其他人際關係上。如此一來，就能從別的人際關係上，彌補無法控制母親的失落感。

外在管理的內在轉化

小小孩在幼年時候，會「吸收」母親（或其他取代母親的主要照顧者）所「給予」的反應，例如，表揚或指責，並且透過體驗，形成驕傲或內疚等心理功能，構成孩子與他人關係中很重要的感受。當母親在場時，孩子會和母親進行面對面的對話來吸收她的「給予」；當母親不在時，就在內心和心裡的母親對話（**孩子的心裡會有一個想像的母親，教他現在該做些什麼**）。

當孩子越獨立活動，這種內在的對話就越多；而這種從撫養關係中所形成的人際結構，與孩子如何進行內在的情感滿足，有密切的關聯。

在這種「給予——吸收」的關係中，吸收和給予的關係也可能產生反轉。也就是說，今天孩子吸納了父母的管教方式，這種外在管理可能慢慢內化成孩子對自己的管理，甚至在重新吐納出去、變成他們對別人的管理。所以你可能會發現，有些孩子在和同學說話的樣子，和孩子的父母在與他說話的樣子如出一轍。舉例來說，家裡比較大的孩子，會學著媽媽的口氣跟弟弟、妹妹說：「喔～～這樣不可以喔！」或者，有些孩子在成長的過程中，會出現「想像的夥伴」（對著空氣或洋娃娃說話）——這對孩子來說像是一種所謂的「看不見的朋友」，但其實也是一種孩子內在世界對話的外部語言表現。

當孩子進入校園生活，所有的「想像的夥伴」與「看不見的朋友」，變成「真實的夥伴」與「看得見的朋友」，他們的內在世界自然有了對話的出口，但這些對話方式往往反映了他們和父母之間的關係。

老大心態也不例外——孩子這樣的舉動，也代表他們正在消化與父母親之間的權力和控制議題。

家長可以這樣做

適時讓孩子可以控制你

各位家長不要誤會了，這裡提的「讓孩子可以控制你」，指的不是讓孩子爬到自己頭上，而是讓孩子**對父母的行為有「可循的邏輯」**。比如說，你要發怒前，要讓孩子有「大人快生氣了」的徵兆（通常是口頭認真的警告）；或者孩子會很清楚地知道，他做了什麼會得到你的讚美……，這些，都有助於孩子對與父母之間的關係，具有「信賴性的控制感」。亦即，他不用怕大人突如其來地發火，也不用怕外面的威脅會實際傷害到他（例如，父母吵架的時候）。當孩子在關係中具有一定的控制感，他們對很多事情的要求就不用那麼執著或完美（因為要抵銷那種不被愛的恐懼）。那麼，也許他們還是會**想要管別人（領導能力的展現）**，**卻不用為了管不到別人而發怒或沮喪（唯我獨尊的反應）**。

老大可以輪流當

孩子想當老大，不用太過擔心；孩子沒辦法忍受別人當老大，就得要留意。這代表孩子想要領導、卻無法被統御，想要以自己為世界的中心、卻無法融入別人的世界。所以當孩子出現「你得要聽我的」的舉動時，家長還是得先觀察，這種想法是否具有彈性？孩子當完老大後，能不能換別人當老大？

‧**先探問**：「寶貝，換別人當老師好不好？寶貝，要不要問問看弟弟想玩什麼？」

‧**再了解**：「寶貝，你怎麼這麼喜歡當老師呢？當老師很好玩嗎？」、「寶貝，你這麼喜歡弟弟跟你玩這些遊戲啊？那如果弟弟不想玩怎麼辦？」

‧**後鼓勵**：「寶貝，媽媽看你這麼棒很開心，可是如果你能幫弟弟也像你這麼棒，媽媽就更開心了，你要不要讓弟弟試試看？」

當孩子無法忍受別人權力大過於己的時候，也許是一個很好的時機，讓父母蹲下來檢視自己和孩子之間的權力位置：我對孩子是否管得太嚴、或太鬆了呢？

這些不能說或做

- 「你怎麼都一直要別人聽你的，不可以這麼自私。」（還未了解就先加入評價）
- 「你這樣不行，你讓他。」（忽略孩子的控制需求）

為什麼不是我？
協助孩子了解公平的意義

這天，欣欣放學後，顯得悶悶不樂的。

平常總是吱吱喳喳的模樣，這天卻如此反常，媽媽忍不住關心到底發生什麼事？

「寶貝，怎麼啦？誰惹你不開心？」媽媽問。

「是老師。」欣欣嘟著嘴說。

「嗯？老師怎麼啦？」媽媽又問。

「老師不公平啦！」欣欣說。

「怎麼啦！到底發生什麼事？」媽媽不懂。

「老師說，有畫畫比賽啊！他要從我們以前畫的畫裡面，選出代表班上去比賽的小朋友，可是……」說到這裡，欣欣眼眶開始紅紅的。

「可是老師沒有選你對不對？」媽媽終於懂了，笑笑地問。

「老師不公平。為什麼不是我？」欣欣說，一滴眼淚跟著掉下來囉！

各位家長，不知道大家有沒有想過：如果你也覺得自己的孩子在某方面表現很好，但是老師卻沒有看到他在這方面的才華，你的感受會是什麼呢？

想起來多少會有些心酸吧！有些家長可能會拍拍孩子、安慰他就算了。可是這心酸的感覺，其實也代表孩子心裡「想要向上」的心情；但被這種辛酸襲擊，卻是一個很好的機會，幫孩子獲得一些成就以外的重要能力。

孩子可能這樣想

孩子以情感為思考、不以邏輯為思考

「語言」對小小孩的重要性，是發展出語言能力後，孩子才能透過語言明白自己情緒反應的意義，也才能把自己內在的情感顯示到腦袋與意識層面中。在語言能力發展之前，孩子的許多情緒反應能力是非理

性的，時常會把自己的情感和某些早年發生的事件聯繫在一起；而且這種聯繫的關係，常常是「無法用言語來形容」。這種把「事件」與「情感」連結的領悟力，得要隨著語言發展增強，才能越來越提升。所以，越小的孩子，領悟自己的情感如何受到事件引發的能力越差，也導致孩子們對一些事件做出情感反應時，沒有邏輯可言。

這就是為什麼，孩子的描述、孩子的想法，好像總是比較絕對。例如，你不給我糖吃，你就是不愛我——這可不是他們在說氣話，而是孩子的情感上，真是這樣連結的。但這種缺乏邏輯的情感思考，大人在旁邊客觀地看，就知道這種論調是非常容易被「攻破」的，所以孩子才常常需要大人去引導他們思考：**情感背後的邏輯究竟在哪兒？**

倘若在年幼的時候，這種「情感連結事件的邏輯能力」沒能常常受到挑戰、反思與引導，孩子成年之後，就會常常墜入過去的情感事件中。比如說，我曾經遇過一個二十幾歲的年輕女性，她接受了一個專案的聘任，在某間公司工作了三年。這間公司一共五個類似的專案人員，而這位女性是年資最淺的一個。後來，專案聘任的時間快要到了，主管向上爭取到一個正式的員額，並在這五位專案人員中，依年資多寡，留下了最資深的一位員工，這位女性自然期滿離職啦！沒想到，這件事情卻引發了她憂鬱的情緒，雖然她理智上知道自己離職的理由，但情感上她還是覺得自己是因為被主管挑剔、覺得自己表現不好，所以才被請走的。

這和孩子在思考「公平」時，所用的連結方式一樣：仰賴的不是邏輯、思考和判斷，而是情感、直覺與想像。所以他們可能把自己陷入一個很深的情緒當中，卻也很容易被旁人透過邏輯、帶回現實來。**這種情感邏輯的思考，就是一種「挫折容忍力」**。

家長可以這樣做

了解孩子對「公平」的迷思

我們先試著站在孩子的立場，來想想他們怎麼看待「公平」這件事，你就會發現，這裡頭有很多邏輯「奇特」的地方，難怪孩子會為了公不公平，而傷心半天：

- **公平就等於：**你對別人不能比對我好。
- **公平就等於：**別人擁有的時候，我也應該要有。
- **公平就等於：**我被處罰的時候，別人也應該要被處罰。

所以，要解決孩子的「情感直覺」，大人得要先發現他們的「邏輯錯誤」在哪裡。上述的幾個「公平迷思」，如果轉換另一個角度來看，也許就會這樣：

- **公平就等於：**你對我好時，也可以對別人這樣好。
- **公平就等於：**我擁有的時候，別人也可以擁有。

・**公平就等於：**別人被處罰的時候，我也要想想我有沒有做錯。

除了「公平迷思」以外，我認為**引發孩子情緒的更大迷思，是在於「凡事要公平」**。怎麼說呢？不管是心理學的立場、還是教育的立場，我們總是強調、也深深了解：每個孩子都是獨特的。所以當「公平」這種具有社會權力的抽象議題，被孩子單純直率的腦袋拿來思考的時候，孩子們很容易扯到「我是如何被對待」上，而不會了解那背後屬於社會正義的概念。

所以我們有責任告訴孩子：**你是獨特的，每個獨特的人不需要被一樣的對待**。比如說，姐姐喜歡畫畫，所以媽媽買了畫筆給她；弟弟喜歡車子，所以媽媽買了模型給他——但我們可不能因為畫筆比較小、比較便宜，車子比較大、比較貴，就說這是不公平，不是嗎？

✪「不公平」也是挫折容忍力的開始

當孩子嚷出「這不公平」的那一刻起，其實背後已經帶著競爭與比較。這是他們面對真實社會的開始，卻也是逐漸成長、面對挫折與挑戰的時刻。所以，當面臨這珍貴的一刻，對家長來說，無疑是一個很好的時機，協助孩子提升他們的「挫折容忍力」：

・**了解孩子的不公平感，是如何連結的：**「寶貝，為什麼這會讓你覺得不公平呢？」

・**給予孩子適當的肯定：**「寶貝，可是就算你沒有，你還是知道自己很喜歡這件事，也可以做得很好對不對？」

・**鼓勵孩子，如果真的想要，可以主動爭取：**

「寶貝，你知道嗎？如果今天爸爸、媽媽跟你一起玩球，球在媽媽手上。如果你沒有跟媽媽說：『媽媽，給我。』媽媽可能就會丟給爸爸、不一定會丟給你。所以如果你真的想要這個，你可以主動說啊！」

當然，不管什麼樣的事情，孩子終究要學會面對：就算想要，也不一定可以得到。但我們真的不需要因為沒有得到，就否認別人的得到。

我們可以同時擁有，可是擁有的東西不一定相同——也許這才是對孩子最好的「公平」註解。

這些不能說或做

- **私下去幫孩子把事情協調成他們所願。**（把孩子可以學習容忍挫折的因素給消滅了）
- **跟著孩子難過。**（因為面對孩子的不公平事件，父母實在要開心，這是一個很好的機會教育）

後記

「欣欣，你是不是覺得老師沒有選你的畫，你覺得很難過啊！」看欣欣哭得這麼傷心，媽媽知道，畫畫是她最喜歡的一件事情，所以沒有獲選，她心裡一定很挫折。

欣欣點點頭。

「不過，媽媽相信老師選的同學，他畫的畫一定也很漂亮對不對。」媽媽又問。

「所以是我沒有他畫得好嗎？」欣欣紅著眼睛問媽媽。

「媽媽也不知道耶！可是我知道妳很喜歡畫畫，而且畫得很好。」媽媽說。

「真的嗎？」小孩果然很單純，這樣就稍微安慰到欣欣了。

「那你要不要再多畫點畫，如果真的很想參加比賽的話，就去請老師，如果下次還有機會，幫妳報名好不好？」媽媽說，一邊摸摸欣欣的頭。

「真的嗎？我下次可以參加比賽嗎？」欣欣睜大眼睛問。果然想到以後可能還有機會，孩子的注意力一下就被轉移了。

「當然啦！畫畫比賽有很多啊！媽媽也可以找其他的比賽幫妳報名啊！」媽媽笑笑地回應。

「耶！媽媽萬歲，媽媽萬歲。」欣欣笑了。

面對孩子，我們真的要把握他們如此單純的時刻。

你好棒！

教出情緒不暴走的孩子（暢銷修訂版）

人氣諮商心理師的36堂高效能情緒教養課，幫助父母探索孩子的情緒困擾！

作　　者／　許皓宜
副 主 編／　陳雯琪
特約編輯／　陳素華

行銷企劃／　洪沛澤
行銷經理／　王維君
業務經理／　羅越華
總 編 輯／　林小鈴
發 行 人／　何飛鵬
出　　版／　新手父母出版
城邦文化事業股份有限公司
台北市南港區昆陽街16號4樓
電話：(02) 2500-7008　傳真：(02) 2502-7676
E-mail：bwp.service@cite.com.tw
發　　行／　英屬蓋曼群島商家庭傳媒股份有限公司城邦分公司
台北市南港區昆陽街16號5樓
讀者服務專線：02-2500-7718；02-2500-7719
24小時傳真服務：02-2500-1900；02-2500-1991
讀者服務信箱 E-mail：service@readingclub.com.tw
劃撥帳號：19863813
戶名：書虫股份有限公司

香港發行所／城邦（香港）出版集團有限公司
香港灣仔駱克道193號東超商業中心1F
電話：(852) 2508-6231　傳真：(852) 2578-9337
E-mail：hkcite@biznetvigator.com
馬新發行所／城邦（馬新）出版集團
Cite(M) Sdn. Bhd. (458372 U)
11, Jalan 30D/146, Desa Tasik,
Sungai Besi, 57000 Kuala Lumpur, Malaysia.
電話：(603) 90563833　傳真：(603) 90562833

國家圖書館出版品預行編目(CIP)資料

教出情緒不暴走的孩子/ 許皓宜著.
-- 初版. -- 臺北市 : 新手父母, 城邦文化出版 : 家庭傳媒城邦分公司發行,
2013.12
面；　公分. -- (好家教；SH0120)
ISBN 978-986-5752-03-3(平裝)
1.親職教育 2.兒童心理學 3.情緒管理

528.2　　102023768

封面、版式設計／徐思文
內頁排版／鍾如娟
插圖／漾漾
製版印刷／卡樂彩色製版印刷有限公司
2013年12月19日 初版1刷　　Printed in Taiwan
2017年6月15日 修訂版初1刷　　2024年6月25日 二版5刷
定價340元
ISBN 978-986-5752-03-3
EAN 471-770-290-015-1